KB142135

당신의 말이 당신의 품격이며
당신의 무기입니다.

_____ 님께

_____ 드림

사자소통, 네 글자로 끝내라

2011년 12월 27일 초판 1쇄 발행 | 2012년 1월 19일 3쇄 발행
지은이 · 이남훈

펴낸이 · 박시형
기획 · 김범수 | 책임편집 · 권정희, 김은경 | 표지디자인 · 김애숙

경영총괄 · 이준혁
마케팅 · 권금숙, 장건태, 김석원, 김명래, 탁수정
경영지원 · 김상현, 이연정, 이윤하
펴낸곳 · (주)쌤앤파커스 | 출판신고 · 2006년 9월 25일 제313-2006-000210호
주소 · 서울시 마포구 동교동 203-2 신원빌딩 2층
전화 · 02-3140-4600 | 팩스 · 02-3140-4606 | 이메일 · info@smpk.kr

ⓒ 이남훈 (저작권자와 맺은 특약에 따라 검인을 생략합니다)
ISBN 978-89-6570-047-0 (03320)

이 책은 저작권법에 따라 보호받는 저작물이므로 무단전재와 무단복제를 금지하며, 이 책 내용의
전부 또는 일부를 이용하려면 반드시 저작권자와 (주)쌤앤파커스의 서면동의를 받아야 합니다.

• 잘못된 책은 바꿔드립니다.   • 책값은 뒤표지에 있습니다.

쌤앤파커스(Sam&Parkers)는 독자 여러분의 책에 관한 아이디어와 원고 투고를 설레는 마음으로 기다리
고 있습니다. 책으로 엮기를 원하는 아이디어가 있으신 분은 이메일 book@smpk.co.kr로 간단한 개요
와 취지, 연락처 등을 보내주세요. 머뭇거리지 말고 문을 두드리세요. 길이 열립니다.

사자소통 四字疏通

네 글자로 끝내라

· 이남훈 지음 ·

쌤앤파커스

쉽고 간결하게,
그리고 명쾌하게
'네 글자'로 끝내라

이른바 '말 잘하는 사람'이 대접받는 시대가 되었다. TV를 켜도 예쁘고 잘생긴 연예인보다 재치 있는 말솜씨를 발휘하는 이들이 대세를 이룬다. 일반인들 중에서도 뛰어난 말솜씨로 좌중을 휘어잡는 사람은 어딜 가든 환영받는 분위기다. 간혹 빈 수레가 요란하다며 말 잘하는 이를 폄하하는 경우는 있겠지만, 아마 말을 잘하고 싶지 않은 사람은 아무도 없을 것이다.

하지만 이러한 지금의 분위기와는 달리, 필자가 어렸을 적만 해도 자신의 생각을 자유롭게 말할 기회가 많지 않았다. 어른들이 말씀하시면 조용히 앉아서 듣는 것이 올바른 자세라고 배우며 자랐다. 이처럼 자신의 의견을 마음껏 말할 기회가 많지 않았던 환경을 생각해보면, '말하기'를 어려워하는 게 당연할지도 모르겠다.

반면 지금은 앞에서도 말했듯이 말 잘하는 사람이 인정받는 시대다. 말을 잘하는 것이 성공의 주된 덕목 중 하나인 셈이다. 특히 조직의 수장이거나 리더일수록 더더욱 그러할 것이다. 아무리 훌륭한 인재들을 데리고 있어도 적재적소에 쓰지 못하면 아무런 소용이 없듯이, 조직을 이끄는 수장이라면 자신의 전략이나 생각을 적절하게 표현할 수 있어야 한다. 하지만 말처럼 쉽다면 얼마나 좋을까. 간혹 엉뚱한 말로 상황을 어색하게 하거나, 일방적으로 자기 이야기를 늘어놓기에 바쁜 이들을 보면 안타까운 마음부터 앞선다.

그러한 어려움을 해결하는 데 조금이나마 도움이 되었으면 하는 마음으로 이 책을 쓰게 되었다. 그중에서도 '사자성어'를 다루게 된 이유는 다음과 같다. 말은 글과 마찬가지다. 쉽고 간결하되 명쾌한 메시지를 담고 있어야 상대의 마음을 움직이기 쉽다. 치열한 비즈니스 전장에 서 있는 경영자들이나 매 경기 치열한 '전쟁'을 치러내는 스포츠 감독들이 종종 사자성어를 통해 의지를 표명하거나 미래의 방향을 제시하는 것도 짧막하지만 확실한 메시지를 담고 있기 때문이다.

또한 사자성어는 선택을 내려야 하는 결정적인 순간에 당신을 도울 해답을 제시한다. 인생은 자문자답의 연속이라 해도 과언이 아니다. 우리는 무엇을 선택해야 할지, 어떤 관계를 맺어야 할지, 어떻게 처신해야 할지 매 순간 무수한 질문을 던지며 살아간다. 그리고 그러한 질문에 어떻게 답하는지에 따라 삶의 방향이 달라진다.

그럼에도 불구하고 혼자 힘으로는 뚜렷한 답을 내놓기가 쉽지 않다. 가끔은 누군가 '딱 떨어지는 해법'을 주었으면 하는 마음이 들기도 한다. 이때 과거는 옛 것이지만 늘 새로운 가르침을 선사한다. 과거를 충분히 알아야만 눈앞의 현실을 이해하고 미래를 예측할 수 있다. 많은 이들이 어려운 상황을 헤쳐나가거나 새로운 것을 도모할 때 고전을 찾는 이유가 이것이며, 고전의 수많은 역사적 장면을 축약한 것이 바로 '사자성어'다.

이처럼 사자성어의 중요성을 간과할 수 없음에도, 기존의 책들은 교육용이나 사전 형식으로 출간되어 그 활용이 제한되어 있었다. 어휘의 뜻을 찾기엔 편할지 몰라도 어느 상황에서 어떻게 사용해야 할지 답답하기 짝이 없었다. 지나치게 한자 풀이 위주로만 구성되어 있어, 읽는 재미가 부족했던 것도 사실이다.

이 책의 가장 큰 특징은 사자성어와 관련된 그간의 책들과는 완전히 다른 스타일과 구성을 취한다는 점이다. 실생활에서 언제든 써먹을 수 있도록, 실제 많은 리더들이 경영에 사자성어를 어떻게 응용했는지를 예로 들며 새로운 해석을 제시하고 있다. 또한 서로 일맥상통하는 사자성어를 골라 묶음으로써 보다 완성도 높은 교훈을 얻을 수 있도록 했다.

목표 앞에서 혼란스러울 때, 실패를 딛고 일어서야 할 때, 성공 앞에 교만해질 때 등등 누구나 살면서 답이 필요할 때면 책을 펼쳐든다. 하지만 가뜩 머리가 복잡하고 마음은 조급한 상황에서 원하는 답을 쏙쏙 찾아내기란 어려울 것이다. 바로 그러한 때 모두를 도울 해법을 신속하고 간결하게 표현하도록 안내하는 것이 이 책의 가장 큰 목표다. 아무쪼록 이 책을 통해 결정적인 순간에 당신을 빛내줄 '네 글자'를 찾을 수 있기 바란다.

이남훈

3장 중요한 프로젝트를 준비할 때

5장 위기탈출을 위한 각오를 다질 때

四字

疏通

수水
적滴
천穿
석石

조직의 습관을 바꾸려면 '계산법'부터 바꿔라

북송北宋의 숭양 지역에 장괴애張乖崖라는 현령이 살고 있었다. 하루는 순찰을 돌다 한 관원이 창고에서 황급히 뛰어나오는 모습을 보았다. 순간적으로 뭔가 이상하다는 느낌이 들었다.

"거기 서거라!"

관원은 뒤를 돌아보더니 뻔뻔한 얼굴로 물었다.

"무슨 일이신지요?"

분명 문제가 있다고 직감한 그는 관원의 몸을 뒤졌고, 짐작대로 상투 속에서 엽전 한 닢이 나왔다. 창고에서 엽전을 훔치다 누군가 오는 기척을 느끼고 급히 도망쳐나온 것이다.

하지만 놀랍게도 관원의 얼굴에서 죄책감이라고는 찾아보기 힘들었다. 괘씸함을 느낀 장괴애는 다음과 같은 판결을 내렸다.

'하루에 1전이면 1,000일이면 1,000전이요. 먹줄에 쓸려 나무

가 잘려나가고 물방울이 돌에 떨어지면 구멍이 뚫린다.'

판결을 들은 관원은 불만이 가득한 얼굴로 오히려 장괴애에게 항의를 하고 나섰다.

"그까짓 엽전 한 닢 훔친 게 뭐 그리 대수라고, 너무하시는 것 아닙니까?"

그 말에 화가 머리끝까지 치민 장괴애는 칼을 들어 단숨에 관원의 목을 베어버렸다.

2010년 LG이노텍 허영호 사장은 직원들에게 보내는 CEO의 메시지로 '수적천석'의 교훈을 들었다. 그는 '작은 물방울이 바위를 뚫는다'는 수적천석의 의미처럼 끊임없이 일하는 방식을 개선할 것을 주문했다.

수적천석은 일반적으로 '작은 노력이라도 꾸준히 계속하면 큰일을 이룰 수 있다'는 교훈을 뜻한다. 그런데 허영호 사장은 여기에 '일하는 방식의 진화'를 덧붙였다.

관원이 엽전을 훔치고도 뻔뻔할 수 있었던 것은 그의 품성 탓이기도 하지만, 부패한 조직문화 때문이기도 하다. 서슬 퍼런 규율이 살아 있는 조직이었다면 대낮에 엽전을 훔치는 일을 상상이나 할 수 있었을까? 관원이 엽전 한 닢 훔쳤다고 벌을 내리다니 너무한 것 아니냐며 항변한 것도 안이한 문화에 익숙해졌기 때문이다.

조직문화를 바꾸기 위해서는 지금까지 통용되었던 일의 방식, 조직의 습관부터 바꿔야 한다. 이는 몇 가지 새로운 제도나 규범을 만드는 것만으로는 부족하다. 이미 기존의 방식에 익숙해진 이들에게 몸을 움직이라고 채근해봐야 '둔한 몸짓' 말고는 나올 것이 없다. 먼저 머리부터 새롭게 깨어나도록 만들어야 하며, 그러기 위해서는 그들의 머리를 '번쩍' 하고 깨울 스파크가 필요하다. 누구도 예상치 못한 '새로운 계산법'을 들이밀어야 하는 것이다.

관원이 '뭐 엽전 한 닢쯤이야'라고 말할 때 장괴애는 전혀 새로운 계산법을 내놓았다.

'1일에 1전이면, 1,000일에 1,000전!'

하루가 아닌 1,000일 단위로 계산하자 상황은 급격히 반전되었다. '엽전 한 닢쯤이야'가 아니라 '1,000전이라는 엄청난 돈을 훔칠 수 있는 상황'으로 변해버린 것이다. 장괴애가 가차없이 관원의 목을 벨 수 있었던 것도 새로운 계산법을 적용했기 때문이다. 그가 처단한 것은 '고작 엽전 한 닢을 훔친 관원'이 아니라 '조직의 재정을 거덜낼 수 있는 관원'이었다. 새로운 계산법은 새로운 생각을 낳고, 나아가 새로운 일의 방식과 문화를 낳는다. 장괴애는 새로운 계산법을 통해 서슬 퍼런 규율을 세울 수 있었다.

위기에 빠진 조직에는 새로운 계산법이 필요하다. 이는 일의 성과를 측정하는 기준일 수도 있고, 프로젝트의 성공 여부를 진단하는 또 다른 검증법일 수도 있다. 실패한 사안에서 나름의 의미를 찾는 노력도 중요하다. 예컨대 구성원들의 화합이 원만치 않다면 이를 단순히 개인간의 문제가 아니라, 조직 내 역학이나 성과분배라는 측면에서 따져보아야 할 것이다.

모든 조직에는 나름의 계산법과 업무방식이 존재한다. 이는 특정 조직을 만들어낸 근원적인 경쟁력이기에 나름대로의 가치를 갖는다. 하지만 현 시점에서는 가치가 있을지 몰라도, 앞으로도 영원할 거라 장담할 수는 없다. '일의 방식'이라는 틀을 깨지 못하면 변화도 도모할 수 없을뿐더러 '일의 진보'도 불가능하다. 다시 한 번 돌아보라. 현재 당신과 당신의 구성원들이 어떠한 '계산법'에 근거해 일하고 있는지.

수적천석 : 물 수水 | 물방울 적滴 | 뚫을 천穿 | 돌 석石

작은 물방울이 돌을 뚫는다는 뜻으로, 여기서는 기존의 '업무방식'을 고집하는 조직이 끊임없이 되새겨야 할 변화의 자세로 해석했다.

유래 : 《학림옥로鶴林玉露》

새로운 계산법을 제시하기 전에 구성원의 마음부터 사로잡아라, 일부중휴一傅衆咻

전국시대 송宋나라의 공족公族 대불승戴不勝은 일찍이 송나라 왕과 올바른 정치를 펼치기 위해 많은 노력을 쏟았다. 그 소문을 들은 맹자孟子는 대불승을 찾아가 이렇게 물었다.

"초楚나라 대부가 자신의 아들에게 제齊나라 말을 가르치려 하는데, 제나라 사람을 시켜 가르치는 것이 낫겠습니까, 초나라 사람을 시켜 가르치는 것이 낫겠습니까?"

대불승이 대답했다.

"그야 당연히 제나라 사람에게 배워야 하지 않을까요?"

"하지만 제나라 사람을 스승으로 삼아도 모든 초나라 사람이 그에게 말을 걸면, 제나라 말을 배우기란 쉽지 않을 것입니다. 매일같이 회초리로 때리면서 가르치더라도 불가능하지 않을까요?"

아무리 노력해도 주위에서 방해하면 목표를 이루기 어려운 법. 맹자는 좋은 정치를 하려 해도 사람들이 따라주지 않으면 불가능하다는 사실을 역설한 것이다.

조직의 습관과 문화를 바꾸려 결심했다면 가장 먼저 해야 할 일이 있다. 바로 구성원들의 마음을 얻는 것이다. 아무리 당신이 새로운 계산법을 들이대고 그들의 머리에 스파크를 일으켜도, 마음으로 당신을 따르지 않으면 아무런 의미가 없기 때문이다. 모두가 초나라 말만 하듯이 각자 자신들의 계산법만 고집한다면 조직의 변화는 요원할 터. 따라서 스파크를 일으키는 것도 중요하지만 먼저 다른 이들의 마음부터 사로잡아야 한다. 제자들이 따라주지 않으면 스승도 의미가 없고, 마음을 사로잡지 못하면 스파크도 효력을 발휘할 수 없을 테니 말이다.

일부중휴 : 한 일一 | 스승 부傅 | 무리 중衆 | 떠들 휴咻

스승은 한 명인데 옆에서 떠들어대는 사람은 많다는 뜻으로, 환경이 따라주지 않으면 일의 성과가 나지 않는다는 의미다.

유래 : 《등문공하滕文公下》

구성원의 마음을 사로잡을 영원한 황금률, 절영지연絶纓之宴

춘추시대 초나라의 장왕이 전쟁에서 돌아온 부하들을 위해 성대한 연회를 벌이고 있었다. 밤늦도록 주연을 즐기고 있는데, 갑자기 광풍이 불어와 촛불이 전부 꺼지고 말았다. 그런데 불현듯 칠흑같은 어둠 속에서 왕이 총애하던 여인의 비명이 들려왔다.

"전하, 지금 어둠을 틈타 누군가 저를 희롱하였습니다. 하지만 다행히 제가 그자의 갓끈을 끊어 손에 쥐고 있사오니 어서 불을 밝히어 범인을 잡아주시옵소서."

그러나 장왕은 촛불을 켜지 못하도록 제지하고는 명령을 내렸다.

"지금 이 자리에 있는 모든 이들은 자신의 갓끈을 끊으라. 갓끈을 끊지 않는 자는 연회를 즐기지 않는 것으로 알겠다!"

나중에 촛불을 밝혔지만 모두의 갓끈이 끊어진 채였으니 누가 범인인지 알 수 없었다.

3년 후 초나라는 진晉나라와 전쟁을 벌이게 되었는데, 죽음을 무릅쓰고 싸운 한 장수 덕분에 승리를 거둘 수 있었다. 특별히 잘해준 것도 없는데 목숨을 내놓고 싸운 장수가 의아하여 수소문한 결과, 그는 바로 3년 전 초나라 왕이 구해준 '갓끈의 주인'이었다. 왕이 자신을 용서해준 은혜를 잊지 않고 보답한 것이다.

과거에도, 현재에도, 그리고 미래에도 결코 변치 않을 인간관계의 황금률은 바로 '도움'이다. 곤경에 빠진 사람을 도와주면 그는 반드시 그것을 마음속에 간직하게 된다. 더욱이 아무런 조건 없는 도움이라면 더더욱 크나큰 감동으로 기억할 것이다.

구성원의 마음을 얻으려면 그들을 보살피고 도와야 한다. 결국 '도움을 주어 마음을 얻고 스파크를 일으키는' 순서가 정석인 셈이다. 이는 '기브앤테이크'라는 현실적 논리와도 들어맞는다. 누군가 어려움을 겪고 있다면 그것을 절호의 '기회'로 여기고 아낌없이 도와주어라. 그러면 상대방도 반드시 그에 상응하는 보답을 하게 되어 있다. 이것이 바로 사람의 마음을 얻는 영원한 황금률, 절영지연의 지혜다.

절영지연 : 끊을 절絕 | 갓끈 영纓 | 어조사 지之 | 잔치 연宴

갓끈을 끊고 즐기는 연회라는 뜻으로, 남의 잘못을 관대하게 용서하거나 어려운 일에서 구해주면 반드시 보답이 따름을 비유하고 있다.
유래 : 《동주열국지東周列國志》

무엇보다
신뢰가 넘치는
조직을
만들어라

이 移
목 木
지 之
신 信

진나라에 상앙商鞅이라는 재상이 있었다. 법률에 대단히 밝았던 그는 법치주의를 바탕으로 강력한 부국강병책을 펼쳤다. 그런데 언젠가는 법을 새로이 제정해놓고도 한동안 공표하지 않았다. 이를 의아히 여긴 대신들이 물었다.

"재상, 어찌하여 법을 완성하고도 백성들에게 알리지 않는 것입니까?"

"백성들이 나라에 불신을 품고 있는데 법을 공표한다고 곧이곧대로 믿겠는가?"

하지만 언제까지나 미뤄둘 수도 없는 일. 상앙은 며칠 동안 고민을 거듭한 후 드디어 신하들을 불러모았다.

"3장(약 9m) 정도 되는 큰 나무를 구해 저잣거리에 세워놓아라. 그리고 그 나무를 북문으로 옮기는 자에게 상금으로 10금을 주겠다고 공표하라."

신하들은 명령을 따랐지만 정작 그 나무를 북문으로 옮긴 사람은 아무도 없었다. 상앙은 다시 포상금을 50금으로 올리라고 명령했다. 포상금이 많아지자 그제야 몇몇 사람들이 힘을 합쳐 나무를 옮겼고, 그들은 약속대로 50금을 받아갔다. 며칠 후 상앙은 다시 신하들을 불러모았다.

"이제 때가 된 것 같다. 법을 공표하라."

백성들은 얼마 전 나무를 옮기고 상금을 받아간 사람들을 기억하고는, 나라에서 공표한 법에 대해 별다른 의심을 품지 않았다.

그러나 모든 법에는 반드시 불만을 품은 자가 생길 수밖에 없는 일. 새로운 법이 공표된 지 1년 정도가 지나자 많은 이들이 법의 부당함을 호소하기 시작했다. 그런데 그때 공교롭게도 태자가 법을 어기는 사건이 일어났다. 그러자 상앙은 태자의 교육을 맡은 자들을 모두 처형하거나 이마에 글자를 새기는 형벌을 가했다. 이 소식을 들은 백성들은 상앙이 예외 없이 법을 지키는 데 놀라움을 금치 못했다. 그다음부터 백성들은 법을 철저히 지키기 시작했고, 10년이 지난 후에는 모든 백성이 법에 만족하게 되었다.

현대증권 최경수 사장은 2009년 어느 칼럼에서 '이목지신'을 예로 들며, 조직을 운영하는 데 관용과 신뢰를 통한 화합이 얼마나 중요한지 역설했다. 그는 "어떤 조직이든 분열된 상태에서는 더 나은 미래가 보장될 수 없다"고 강조했다. 위기에 빠진 조직일수록 '불신'으로 가득하기에 무엇보다 '신뢰'가 중요하다. 따라서 백성의 믿음을 얻은 후에 법을 공표한 이목지신의 교훈이야말로, 위기에 빠진 조직을 살려내는 데 주축이 될 만한 지혜일 것이다.

그러나 가장 중요한 것은 신뢰가 중요하다는 당연한 명제가 아니라, '어떻게 신뢰하게 만들 것인가'라는 질문에 대한 답이다. 신뢰에 관한 가장 어리석은 질문 중 하나가 '너는 왜 나를 못 믿느냐?'는 반문이다. 신뢰란 기본적으로 상호작용을 바탕으로 한다. 나를 믿으라고 해서 신뢰가 생기는 것이 아니라, '믿어주는 사람'이 있어야만 신뢰가 형성된다. '나를 왜 못 믿느냐'는 말은 자신이 다른 이들에게 믿음을 주지 못했음을 반증할 뿐이다.

그러나 아무리 내가 진심으로 대해도 그것이 제대로 전달되지 않는다면 상대방이 나를 믿어주기란 쉽지 않다. 그렇다면 어떻게 해야 할까?

진나라의 재상 상앙 역시 같은 고민에 빠져 있었다. 법을 제정해놓고도 공표하지 못한 것은 바로 그 때문이었다. 그가 고안한 방법은 신뢰를 쌓는 데 결정적인 팁을 알려준다. '본격적인 신뢰'를 끌어내기 전에 '기초적인 신뢰'부터 확보하라는 것. 상앙에게 기초적인 신뢰는 '나무 옮기기'였다. 사실 이는 쇼에 불과했지만 그럼에도 그 쇼가 발휘한 힘은 확실했다. 만일 무작정 '나를 믿으라'고 말했다가 '어떻게 믿으라고?'라는 의구심을 불러일으키면, 또 한번 불신을 자초할 뿐이다. 누군가의 신뢰를 얻고 싶다면, 그리고 지금의 신뢰가 그리 두텁지 않다면 '상앙의 나무 옮기기'를 실천해보는 건 어떨까. 밑바닥부터 시작하라는 세상살이의 조언은 신뢰를 쌓을 때도 귀담아 들어야 할 말이다.

이목지신 : 옮길 이移 | 나무 목木 | 어조사 지之 | 믿을 신信

위정자가 나무를 옮겨 백성들을 믿게 한다는 뜻으로, 여기서는 주위 사람들과 구성원들에게 신뢰를 얻고자 할 때 반드시 고민해야 할 신뢰의 방식을 말한다.

유래 : 《사기史記》〈상군열전商君列傳〉

신뢰를 얻는 데도 눈높이가 필요하다, 대우탄금對牛彈琴

후한後漢 말기에 불교학에 밝은 모융牟融이라는 학자가 있었다. 그런데 그는 유학자들에게 불교를 설명할 때면 늘 불전佛典이 아니라 《시경詩經》이나 《서경書經》 등의 경서經書를 인용했다. 어떤 이가 왜 불교의 사례를 들지 않느냐고 질책하자 모융은 다음과 같은 이야기를 들려주었다.

"노魯 나라에 공명의公明儀라는 어진 사람이 살고 있었습니다. 하루는 소를 향해 거문고를 타주었는데 소는 꿈쩍도 하지 않고 그냥 풀만 뜯어댔습니다. 그는 다시 모기와 등애의 울음소리와 젖을 먹는 송아지의 울음소리를 흉내 냈습니다. 그러자 소는 이러저리 걸어다니던 것을 멈추고는 쫑긋 귀를 세운 채 다소곳이 그 소리를 들었습니다. 그 소리가 소의 마음에 맞았기 때문입니다. 이것이 바로 제가 유학자들에게 불전이 아닌 《시경》을 인용하는 이유입니다."

눈높이는 아이들을 가르칠 때만 필요한 것이 아니다. 상대방이 잘 모를 것 같은 사안에서는 반드시 '눈높이'를 고려해야 한다. 신뢰라는 것은 눈에 보이지도 않으며 잡히지도 않고 증명할 수도 없다. 그저 믿을 수밖에 없다는 표현이 정확할 것이다. 따라서 신뢰를 얻으려 할 때일수록 눈높이를 제대로 맞춰야 한다. 상앙의 나무 옮기기도 결국 백성의 눈높이에 맞춘 방법 중 하나였을 뿐이다. 그들은 법은 못 믿어도 최소한 '50금'이라는 상금은 믿었을 것이다. 상대방의 수준, 처지, 상황에 맞는 '눈높이 신뢰'야말로 당신의 신뢰를 확산시키는 유력한 방법이다.

대우탄금 : 대할 대對 | 소 우牛 | 튀길 탄彈 | 거문고 금琴

> 소를 향해 거문고를 탄다는 마음으로, 여기서는 상대에게 적합한 방법으로 신뢰를 쌓아야 한다는 자세를 뜻한다.
> 유래 : 《홍명집弘明集》

신뢰는 기강에서 나온다, 삼령오신三令五申

오吳나라의 왕 합려闔閭는 손무孫武가 지은 《손자병법孫子兵法》을 읽고 감탄을 금치 못했다. 급기야 합려는 한번 시범을 보여달라며 손무를 초청했다. 손무는 180명의 궁녀들을 모아놓고 두 편으로 가른 후, 그중에서 왕이 가장 총애하는 둘을 각각 대장으로 뽑았다. 손무는 자신이 먼저 세 번이나 시범을 보인 뒤 다시 다섯 번을 설명했다. 그러고는 그대로 따라 하라고 명령했으나, 궁녀들은 웃기만 하고 도무지 움직이질 않았다. 손무는 제대로 지휘하지 못한 자신의 탓이라 여기고, 다시 한 번 궁녀들에게 복종을 명령했다. 그러나 이번에도 궁녀들은 명령에 따르기는커녕 웃기만 했다. 그러자 손무는 왕의 만류에도 불구하고 칼을 빼들어 대장 2명의 목을 베었다. 그제야 궁녀들은 손무의 명령에 일사불란하게 움직이기 시작했다.

당시 왕의 명령을 받은 손무는 화려한 병법을 보여줌으로써《손자병법》의 현실성을 증명하려 했다. 하지만 궁녀들의 마음은 '재미있긴 하지만 우리는 궁녀일 뿐이에요!'에 가까웠다. 조직의 목표와 구성원들의 정서가 달랐던 것이다.

기업이 사람을 뽑을 때 까다로운 입사시험을 치르게 하거나 입사 후에도 철저히 훈련시키는 것은, 그들에게 조직의 규율과 기강을 심어주기 위해서다. 흔히들 자율적으로 풀어줄 때 구성원들의 사기가 올라간다고 생각하지만, 조직의 목표가 뚜렷하고 규율이 확실할 때 구성원들의 신뢰가 배가되는 법이다. 자신이 무엇을 어떻게 해야 할지 알게 되기 때문이다. 이를 위해 조직은 구성원들의 귀에 못이 박히도록 거듭 목표와 규율을 강조해야 한다. 설령 일벌백계一罰百戒의 희생을 감수하는 한이 있더라도 말이다.

삼령오신 : 석 삼三 | 명령할 령令 | 다섯 오五 | 말할 신申

세 번 명령하고 다섯 번 거듭 말한다는 뜻으로 중요한 일일수록 거듭 강조해서라도 가르쳐야 한다는 의미다.
유래 : 《손자병법》〈오기열전吳起列傳〉

긍정적 마인드를
심어주려면
증거를
제시하라

배杯
중中
사蛇
영影

진나라의 관리였던 악광樂廣은 어린 시절에 아버지를 잃었지만, 마음을 굳게 먹고 학문에 전념해 결국 벼슬에 올랐다. 지혜롭기로 유명했던 그는 언제나 백성들의 편에서 일을 신중히 처리하는 것으로 덕망이 높았다.

그에게는 하남 지역의 태수로 일하던 시절에 자주 어울리던 친구가 있었다. 그는 가끔씩 놀러와 술잔을 나누었는데 어느 순간부터 발걸음이 뜸해졌다. 혹시 무슨 일이라도 있나 싶어 친구를 찾은 악광은, 그의 수척한 얼굴을 보고는 무언가 문제가 있다는 직감이 들었다.

"혹시 무슨 일이 있는가? 요즘 도통 얼굴을 볼 수가 없네."

"이런 말하기는 좀 그렇지만, 지난번 자네와 술을 마실 때 내 술잔에 뱀이 들어 있었다네. 자네가 무안해할 것 같아 그냥 마시긴

했는데, 그 후부터 몸이 별로 좋지 않은 것 같네."

술잔에 뱀이 들어 있었다니 악광은 의아하지 않을 수 없었다. 고민 끝에 악광은 친구와 술을 마신 장소에 다시 가보았다. 그는 주변을 둘러보다 드디어 '술잔 속 뱀'의 정체를 알아냈다. 이에 다시 친구를 같은 곳으로 불러 술잔을 기울이며 말했다.

"이보게, 지금 다시 이 잔을 들여다보게."

"아니, 이게 웬일인가. 또 술잔 속에 뱀이 있지 않은가!"

악광은 웃음을 터뜨렸다.

"저기 벽에 걸린 활이 보이는가? 그 활에 뱀의 그림이 그려져 있는데 그것이 자네 술잔에 비친 것일세."

과연 술잔을 밖으로 들고 나와 보니 뱀은 자취를 감추고 없었다. 그제야 친구의 몸은 씻은 듯이 나았다.

2010년 1월, 쌍용양회 김용식 사장은 한 해를 여는 경영전략을 '배중사영'이란 말로 대신했다. 그는 "쓸데없이 의심을 품으면 사소한 일이라도 신경을 괴롭히는 만큼, 다 잘될 거라는 긍정적인 마인드가 필요하다"고 말했다.

물론 긍정적인 마인드는 그 어떤 조직, 그 어떤 일에서도 반드시 필요하다. 문제는 부정적인 생각을 어떻게 긍정적인 것으로 바꾸느냐는 점이다. 많은 사람들이 '긍정적으로 생각해봐!' 내지는 '긍정적으로 생각하면 반드시 이뤄질 거야!'라고 말하지만, 사실 그것만으로는 부족하다. 부정적인 마음이 들었다는 것은 이미 부정적인 생각에 완전히 설득당한 것과 같다. 내가 싫다고 진저리치면서 떠난 애인에게 '나를 좋아한다고 생각해봐!'라거나 '나에게 돌아온다고 생각하면 그렇게 될걸!' 하고 말하는 것처럼 어리석고 황당한 조언이 있을까?

악광은 뱀이 든 술을 마셨다고 걱정하는 친구에게 그런 황당한 조언을 하기 전에 지난 술자리에 가보았다. 그리고 그곳에서 뱀의 그림이 술잔에 비추었음을 알게 되었다. 나중에 그가 친구를 데려가 직접 증명해 보이자 친구는 부정적인 생각에서 완전히 벗어날 수 있었다. 이 일화는 부정적인 마음을 떨치기 위해서는 먼저 왜 그것이 부정적인지를 입증해야 하고, 그것을 제거했을 때 비로소 긍정적인 마음가짐으로 돌아올 수 있음을 보여준다.

구성원들에게 끊임없이 긍정적으로 생각하자고 교과서적인 조언을 되풀이해봐야 허탈감만 깊어진다. 물론 작은 긍정이 더 큰 긍정을 부를 수도 있겠지만, 그렇다고 근거 없는 긍정이 또 다른 긍정을 낳는 것은 아니다. 근거 없는 긍정은 자기기만에 불과하다.

긍정적인 마인드를 전파하고 싶다면, 직원들에게 정말 이 조직을 믿고 일해도 되겠다는 근거 있는 희망을 전파하자. 그것이 조직의 신사업이든 또 다른 리더의 출현이든, 무엇이든 좋다. 일단은 직원들을 긍정의 단계로 진입시킬 수 있도록 증거를 제시하는 것이 중요하다. 이것이야말로 무책임한 조언이나 황당한 요구로 조직의 힘을 빼지 않는 최선의 길일 것이다.

배중사영 : 잔 배杯 | 가운데 중中 | 뱀 사蛇 | 그림자 영影

'술잔 속에 비친 뱀의 그림자'라는 뜻으로, 여기서는 부정적인 마음을 긍정적인 마음으로 전환할 때 떠올려야 할 자세로 풀었다.

유래 : 《진서晉書》〈악광전樂廣傳〉

편협한 생각을 떨쳐버려라, 엄이도종掩耳盜鐘

진나라의 명문가였던 범 씨 집안에는 대대로 내려오는 큰 종이 있었다. 아무리 명문가라 해도 언젠가는 몰락하기 마련. 어느 날 가문의 몰락으로 어수선한 틈을 타 종을 훔치려는 도둑이 들었다.

하지만 도둑은 종이 너무 무거워서 제대로 옮기지 못하자, 어쩔 수 없이 종을 조각내서 가져가야겠다는 마음을 먹었다. 그런데 망치로 종을 내려친 순간, '꽝!' 하고 요란한 소리가 났다. 도둑은 그 소리를 다른 사람이 들을까 봐 얼른 자신의 귀를 두 손으로 틀어막았다.

'부정적인 마인드'를 바꾸려면 그러한 결과를 끌어내는 각 단계의 논리와 전제부터 바꿔야 한다. 이것이 바뀌지 않으면 100번을 생각해도 부정적인 결론만 나온다. 경부고속도로를 100번을 다시 타도 결국 부산에 도착하는 것처럼 말이다. 자기에게 들리지 않는다고 남들도 그럴 거라 생각한 도둑은, 남의 말을 외면하는 독선적이고 어리석은 사람이다. 부정적인 생각을 털어내기 위해서는 먼저 마음과 귀를 여는 자세가 필요하다. 귀를 막아봤자 결국 자신의 편협한 논리에 갇힐 뿐이다.

지금 자신에게 부정적인 영향을 미치는 생각들을 어떻게 해야 다른 방향으로 전환할 수 있는지 생각해보라. 가령 '매출이 떨어졌다'는 '우리는 다른 역량이 더 강하다'로, '미래의 전망이 어둡다'는 '새로운 사업 기회가 발생하고 있다'로 바꿔 생각할 수 있어야 할 것이다.

엄이도종 : 가릴 엄掩 | 귀 이耳 | 훔칠 도盜 | 쇠 종鍾

　　귀를 막고 종을 훔친다는 말로, 종소리가 자신의 귀에 들리지 않으면 남에
　　게도 들리지 않을 거라 믿는 어리석은 생각을 뜻한다.
　　유래 : 《여씨춘추呂氏春秋》

선입견은 금물이다, 의심암귀疑心暗鬼

　어떤 이가 평소 아끼던 소중한 도끼를 잃어버리고 말았다. 분명 누
군가 훔쳐갔다고 생각하자 아무래도 이웃집 아이가 수상쩍어 보이
기 시작했다. 길에서 마주치면 왠지 슬금슬금 피하는 것 같기도 하
고, 안색도 어둡고 평소와는 다르게 말도 더듬는 것 같았다. 그는
속으로 생각했다.

　'저 녀석이 내 도끼를 훔쳐간 게 틀림없어!'

　그러던 어느 날 지난 번 나무를 하러 간 곳에 도끼를 두고 온 것
같다는 생각이 퍼뜩 떠올랐다. 다시 그 자리에 가보니 다행히 도끼
가 그곳에 있었다. 집에 돌아오는 길에 우연히 이웃집 아이를 다시
만났는데, 이번에는 얼굴도 왠지 밝아 보이는 데다 말투도 또박또
박하고 자신에게 친근감마저 보이는 것 같았다.

　긍정적인 마인드를 찾는 두 번째 방법은 객관적 사실과 마음을
혼동하지 않는 것이다. 마음은 일종의 색안경과 같다. 마음에 대한
해석이야말로 귀에 걸면 귀걸이고 코에 걸면 코걸이다. 이는 사람
뿐 아니라 지금 진행하는 일에 대해서도 마찬가지다. 일을 할 때는
마음을 배제한 채 주어진 사실을 있는 그대로 해석하고 판단해야

한다. 마음이라는 자료는 판단의 중간 단계에 끼어드는 것이 아니라, 가장 마지막에 참고하는 것이어야 한다.

의심암귀 : 의심할 의疑 | 마음 심心 | 어두울 암暗 | 귀신 귀鬼

　　의심이 있으면 어두운 곳에서 귀신이 생긴다는 뜻으로, 선입견으로 섣불리 부정적인 판단을 내리는 행동을 경계하고 있다.

　　유래 : 《열자列子》〈설부편說符篇〉

어려운
상황일수록
철저히
힘을 합쳐라

오吳
월越
동同
주舟

중국 고대의 병법서인 《손자병법》을 보면 다음과 같은 이야기가 나온다.

"예부터 서로를 적대시한 오吳나라 사람과 월越나라 사람이 같은 배를 타고 강을 건넌다고 하자. 강 한복판에 이르렀을 때 큰 바람이 불어 배가 뒤집히려 한다면, 오나라 사람이나 월나라 사람이나 평소의 적개심을 잊고 서로의 왼손, 오른손이 되어 필사적으로 상대를 도울 것이다. 마찬가지로 전쟁터에서 가장 중요한 것은 필사적으로 뭉친 병사들의 마음이다."

아시아나항공 윤영두 사장은 어느 언론사의 기고문에서 '오월동주'를 무한경쟁 사회에서의 필수전략으로 꼽았다.

"오월동주는 중국 춘추시대의 오나라와 월나라가 서로 미워하면서도 공통된 어려움을 해결하기 위해 협력한 데서 생겨난 말이다. 이처럼 영원한 적도 영원한 동지도 없는 무한경쟁 사회에서 전략적 제휴는 필수적이다. 급변하는 경영환경에서 독불장군은 결코 살아남을 수 없다."

그가 오월동주를 중요시하는 것은 항공사의 성격을 생각해볼 때 지극히 자연스러운 일이다. 과거 항공산업은 운수권을 가지고 있으면 별다른 어려움 없이 할 수 있는 사업이었다. 그런데 항공 자유화와 함께 무한경쟁 시대가 도래했고, 결국 이는 각종 항공동맹이나 외국 항공사와의 파트너십으로 이어졌다. 오월동주가 의미하는 '전략적 동맹' 없이는 장기적인 성장이 어려워진 것이다.

위기에 빠진 조직에서는 흔히 조직 내 불화가 일어나기 쉽다. 이는 대개 두 가지 차원이다. 첫째는 조직 내 팀원들끼리 겪는 갈등이고, 둘째는 다른 조직과의 불화로 진정한 화합을 이루지 못하는 것이다.

대부분 많은 사람들이 화합을 위해 서로의 '마음'부터 풀어주려 노력한다. 마음이 풀어져야 제휴를 하든, 동맹을 맺든 할 게 아니냐는 것이다. 하지만 한번 틀어진 마음을 원상태로 되돌리는 것은 정말 쉽지 않다. 그것이 회복되려면 지금껏 틀어지는 데 걸린 시간의 2배가 든다고 봐도 좋을 것이다. 게다가 가슴 깊이 남아 있는 앙금은 어떻게 할 것인가.

아이러니하게도 틀어진 마음을 가장 빨리 풀어주는 것은 바로 '철저한 계산'이다. 오나라와 월나라가 원수지간임에도 당장 손을 맞잡은 것은, 지금은 손을 잡는 것이 가장 이익이라는 계산 때문이다. 결국 철저한 계산 없이는 미움을 뛰어넘을 수 없고, 미움을 무너뜨리지 않으면 협력도 이루어질 수 없다.

재미있는 사실은 전략적 제휴를 매우 중요시하는 윤영두 사장 역시 계산에 철두철미한 인물이라는 것. 그가 아시아나 항공관리본부장을 지내던 시절, 1,000억 원대의 프로젝트인 인천 격납고 현장에 들렀다가 세부 비용을 억 단위까지 암산으로 계산했던 것은 잘 알려진 일화다. 그는 어려서부터 주산을 배워서인지 숫자에 강하고 계산에 철저하다는 주변의 평가를 받아왔다.

이때 계산에 철저하라고 해서 '돈으로 해결하라'는 뜻으로 해석하지는 말기 바란다. 그 진정한 의미는 《손자병법》에 이미 나와 있다.

"전차의 말들을 서로 단단히 붙들어 매고 바퀴를 땅에 묻고 버려봤자 최후에 의지가 되는 것은 따로 있다. 의지가 되는 것은 오로지 하나로 똘똘 뭉친 병사들의 마음이다."

철저한 계산이란 바로 '우리가 마음으로 뭉치지 않으면 다 죽을 수밖에 없다'는 것을 설득하는 과정이고, 그러한 마음이 들도록 상황을 설계하는 것이다. 왜 저쪽과 이쪽이 합쳐야만 모두가 살 수 있는지, 그리고 합치지 않는 것보다 합치는 것이 왜 이익이 되는지를 분명히 보여주어야 한다. 그것이 틀어진 마음을 풀고 협력을 이끌어내는 데 가장 중요한 조건이다.

오월동주 : 나라이름 오吳 | 넘을 월越 | 한 가지 동同 | 배 주舟

오나라 사람과 월나라 사람이 같은 배를 탄다는 뜻으로, 여기서는 전략적 제휴를 통해 성장하려는 조직이 명심해야 할 지침을 뜻한다.
유래 : 《손자병법》〈구지편九地篇〉

계산은 철저해도 분위기는 부드럽게 하라,

준조절충樽俎折衝

춘추시대 제나라에 안상국晏相國이라는 명재상이 있었다. 그는 털옷 한 벌을 무려 30년 동안이나 입을 정도로 검소한 사람이었다. 한번은 나라에서 그에게 큰 선물을 내리려 하자 이렇게 말하며 고사했다.

"욕심이 충족되면 망할 날이 가까워옵나이다."

안상국은 100여 개가 넘는 나라가 각축을 벌이는 혼돈의 시기에 능수능란한 외교술을 발휘해 제나라를 반석 위에 올려놓았다. 그의 언행과 외교수완을 기록한 《안자춘추晏子春秋》는 그의 뛰어난 능력을 이렇게 평가한다.

"술자리를 벗어나지 않고 천리 밖의 일도 절충한다는 것은 바로 안상국을 두고 하는 말이다."

여기서 술자리가 궁극적으로 상징하는 것은 '술을 먹는 자리'가 아니라 '부드러운 방법'이다. 서로 철저한 계산을 한답시고 어색하고 경직된 분위기를 만들 필요는 없다. 계산이 철저할수록 분위기는 부드러워야 더 현명한 커뮤니케이션이 이루어진다. 천리 밖의 충돌도 술자리에서 제어한다는 안상국의 외교술은, '부드러움'이 '강함'을 이기는 진정한 힘이라는 사실을 말해주고 있다.

준조절충 : 술통 준樽 | 모마 조俎 | 꺾을 절折 | 충돌할 충衝

술자리에서 적의 창끝을 꺾는다는 뜻으로, 평화로운 교섭으로 일을 유리하
게 담판짓거나 흥정함을 이른다.

유래 : 《안자춘추》

이도 저도 안 될 땐 위기의식을 불어넣어라,

방휼지쟁蚌鷸之爭

전국시대 제나라에 많은 군사를 파병했던 연燕나라에 기근이 들기
시작했다. 그러자 조趙나라가 이를 틈타 연나라를 침공하려 했다.
이를 알게 된 연나라는 다급해진 나머지 소대蘇代라는 사람을 불러
조나라를 말려달라고 부탁했다. 소대는 유명한 '합종연횡'을 펼쳐
6국의 재상을 지냈던 소진蘇秦의 동생. 거침없는 입담을 자랑했던
그는 즉시 조나라로 달려가 혜문왕을 만났다.

"오늘 이곳으로 오다 문득 강변에서 재미있는 싸움을 보았습니
다. 조개가 껍데기를 벌린 채 햇볕을 쬐고 있는데 갑자기 도요새가
날아 들어와 조갯살을 쪼려는 게 아닙니까. 이에 깜짝 놀란 조개는
급히 껍데기를 닫아 도요새의 부리를 꽉 물어버렸습니다. 도요새
는 비가 오지 않으면 너는 말라 죽을 거라고 했고, 조개는 내가 너
를 놓아주지 않으면 너도 굶어죽을 것이라며 이에 맞섰습니다. 둘
의 싸움은 계속되었는데 결국 지나가던 어부가 도요새와 조가비 모
두를 잡아버렸습니다. 전하는 지금 연나라를 치려고 하십니다. 연
나라가 조개라면, 조나라는 도요새입니다. 두 나라가 전쟁으로 힘

들어지면 강력한 진나라가 모두를 잡아먹으려 들지 않겠습니까."

이에 조나라의 혜문왕은 침공계획을 철회하고 다시 연나라와 동맹을 맺었다.

때로는 아무리 노력해도 단합이 잘되지 않을 때가 있다. 이도 저도 안 될 때 최후의 방법은 위기의식을 강조하는 것이다. '단결하지 않는 편이 이익이다'는 생각이 구성원들의 머리에 자리잡고 있다면, '당신의 이익마저 곧 날아갈 수 있다'는 위기의식을 불어넣어라. 조나라 역시 자신도 망할 수 있다는 생각에 연나라와 다시 손을 잡지 않았는가.

방휼지쟁 : 조개 방蚌 | 도요새 휼鷸 | 어조사 지之 | 다툴 쟁爭

조개와 도요새가 다투다 어부에게 잡혔다는 뜻으로, 제3자만 이득을 취하는 상황을 의미한다.

유래 : 《전국책戰國策》〈연책燕策〉

진정한 화합을
원한다면
먼저 자신을
감추고 줄여라

화光同塵

《노자老子》 56장을 보면 다음과 같은 이야기가 나온다.

"아는 사람은 말하지 않고, 말하는 사람은 알지 못한다. 감각의 구멍을 막고 욕망의 문을 닫아걸고 날카로운 기운을 꺾고, 혼란함을 풀고 빛을 부드럽게 하여 속세의 티끌과 함께하니, 이것을 현묘한 합일이라 한다. 그러므로 친해질 수도 없고 소원해지지도 않는다. 이롭게 하지도 않으며 해롭게 하지도 못한다. 귀하게도 할 수 없으며 무시할 수도 없다. 그러므로 천하에서 귀한 것이 된다."

한국후지쯔 김방신 전前 사장은 사장으로 취임하는 자리에서 '화광동진의 자세로 직원들과 하나가 되겠다'고 말했다. 그가 '화광동진'을 언급한 것은 '출신배경' 때문이다. 한국후지쯔는 IT기업이지만, 김방신 사장은 현대에서만 25년을 일한 비非 IT기업인이다. 일반적으로 IT기업의 경우 대부분 내부 전문가가 승진하거나 외부 영입이라 하더라도 관련 분야의 전문가가 사장이 되는 경우가 대부분이다. 그러한 점에서 '비 IT기업에서의 25년'은 기존 직원들에게는 다소 부담스러운 이력이었을 것이다. '과연 저 사람이 IT기업의 특성을 알까?', 'IT 비즈니스만의 특별한 점을 커버할 수 있을까?'라는 의문들이다. 그 또한 자신을 바라보는 의문의 눈빛을 느끼지 못했을 리 없다. 그는 언론과의 인터뷰에서 다음과 같이 속내를 털어놓았다.

"내가 가지고 있는 빛이 아무리 밝고 화려하더라도, 상대방을 배려하는 마음으로 다가가야만 오히려 내가 더욱 빛날 수 있다."

"현대는 현대일 뿐 후지쯔와는 업종도 환경도 다르다. 화광동진의 자세로 직원들과 모든 것을 함께 논의하며 침체된 한국후지쯔를 다이내믹한 기업으로 바꾸려 한다. '변화혁신 TFT'를 구성해 소속 팀원들이 기업문화 및 업무 프로세스 혁신안을 직접 만들도록 하겠다."

그가 말한 화광동진의 두 가지 의의 중 첫 번째는 바로 '겸손'이었다. 이제껏 자신이 걸어왔던 화려한 이력을 감추고 직원들과 함께함으로써 '절묘한 합일'을 이루겠다는 것이다. 두 번째 의의는 '자신과 직원의 다른 점을 조화롭게 융합해 시너지 효과를 내겠다'는 것이다. 빛이 지나치게 밝으면 먼지 하나도 눈에 거슬리고, 빛이 아예 없으면 먼지가 있는지 없는지도 모르는 상태가 되기 마련. 그러나 부드러운 빛이라면 실내를 밝게 비추며 어느 정도의 먼지도 가려준다. 그는 스스로를 부드럽게 만들어 이러한 시너지를 일으키겠다고 밝힌 것이다.

한편 화광동진에는 겸손과 시너지 외에 또 다른 중요한 의미가 존재한다. 이는 바로 앞선 《노자》의 뒷부분에서 드러난다.

"친해질 수도 없고 멀어지지도 않는, 이롭지도 않고 해롭지도 않은, 귀하지도 않고 천하지도 않은. 그러므로 천하에서 귀한 것이 된다."

이 문구는 관계의 역설적인 미학을 드러낸다. 사람들은 친해지는 것이 멀어지는 것보다 좋고, 이로운 것이 해로운 것보다 좋다고 생각한다. 그러나 노자는 그 '중간 단계'가 가장 좋다고 말한다. 친해지다 보면 싸울 수 있으니 그것보다는 차라리 좀 먼 것이 낫고, 이롭다가도 언젠가는 그 이로움을 미끼로 배신할 수 있으니 차라리 거리를 두는 게 낫지 않겠느냐는 것이다. 빛과 먼지는 어차피 하나가 될 수가 없다. 친해지고 싶어도 특정한 선을 넘을 수 없고 서로의 이로움을 꾀하는 데도 한계가 있다. 하지만 빛이 스스로를 부드럽게 하는 '중간단계'에 이르면 '현묘한 합일'이 가능해진다.

화광동진은 겸손과 시너지는 물론, 조직과 '중간적인 관계'를 맺음으로써 어떻게 조화와 균형을 꾀할 수 있는지를 여실히 보여준다. 우선은 자신의 빛을 부드럽게 만들어라. 그렇다면 멀지도 가깝지도 않은 관계를 바탕으로 시너지 효과를 일으킬 수 있을 것이다.

화광동진 : 화할 화和 | 빛 광光 | 한 가지 동同 | 티끌 진塵

빛을 부드럽게 하여 속세의 티끌과 함께한다는 뜻으로, 조직 내에서 건강한 관계를 맺을 수 있는 지혜로운 자세를 의미한다.

유래 : 《노자》

잘못 물드는 것을 경계하라, 묵자비염墨子悲染

어느 날 묵자墨子는 실에 색을 입히는 과정을 보며 이렇게 탄식했다.

"파란 물감에 물들이면 파란색, 노란 물감에 물들이면 노란색이 되는구나. 이렇게 물감에 따라 실이 매번 다른 색이 되니 물들이는 일이란 참으로 조심해야 할 것이다. 사람도 나라도 물들이는 방식에 따라 흥하기도 망하기도 하기 때문이다."

묵자가 경계한 것은 무엇일까. 그것은 '망하게 하는 물들임'이다. 화광동진의 자세로 조직을 건강하게 일으키고 싶은 이들이 꼭 새겨두어야 할 마음가짐은, 묵자비염에 들어 있는 경계의 자세다. 하나 되는 조직을 만들고 싶다는 염원이 지나치면 자칫 방향성을 잃을 우려가 있다. '악화惡貨'가 '양화良貨'를 구축한다고, 부정적인 것이 긍정적인 것을 압도하는 경우는 그 반대보다 훨씬 많다. 부정적인 것에 물들기는 쉬워도 긍정적인 것에 동화되기는 어려운 법. 잘못된 것에 물들지 않도록 경계하는 마음이 없다면 '대중의 지혜'와 '시너지 효과'를 일으키기는커녕 지혜로운 자들조차 '우매한 대중'이 되어버릴 것이다.

묵자비염 : 먹 묵墨 | 아들 자子 | 슬플 비悲 | 물들일 염染

묵자가 물들이는 것을 경계한다는 말로, 평소 습관에 따라 그 성품과 인생의 성공 여부가 결정된다는 뜻이다.
유래 : 《묵자墨子》〈소염편所染篇〉

당신도 하지 않으면서
대체 누구더러 하란 말인가, 양두구육羊頭狗肉

춘추시대 제나라 영공靈公에게는 독특한 취미가 있었다. 궁녀들에게 남장을 시켜놓고 그 모습을 즐기는 것이었다. 이 소문이 퍼지자 백성들 사이에서도 남장을 하는 여인들이 늘어나기 시작했다. 영공이 재상 안영晏嬰에게 '남장 금지령'을 내리라고 명령했지만 고쳐지지 않았다. 이를 괘씸하게 여긴 영공이 안영에게 그 이유를 물었다.

"전하께서 궁중의 여인들에게 남장을 허용하면서 궁 밖에 있는 여인들에게만 금지하는 것은 '밖에는 양의 머리를 걸어놓고 안에서는 개고기를 파는 것'과 마찬가지입니다. 궁중의 여인들에게 남장을 허용하는 한, 궁 밖에서도 고쳐지지 않을 것입니다."

이 말을 들은 영공이 즉시 궁궐 내에서 남장을 금지하자, 다음 날부터 백성들 사이에서도 남장이 완전히 사라지게 되었다.

양두구육은 한마디로 조직의 수장에게 보내는 메시지다. 양고기를 파는 척하면서 개고기를 파는 건 분명 잘못된 호객행위이자 사기에 가깝다. 리더는 모든 것을 신경 쓰고 모든 것에 앞장서고 모든 것을 책임지는 자리다. 그러한 역할을 부여받은 당신이 하지 않는데, 남들이 앞장서서 할 이유를 느낄 리 없지 않은가.

양두구육 : 양 양羊 | 머리 두頭 | 개 구狗 | 고기 육肉

양머리를 걸어놓고 개고기를 판다는 뜻으로, 말과 행동이 일치하지 않음을 가리킨다.
유래 : 《안자춘추》

공孔
자子
천穿
주珠

누구에게든
끊임없이
배워라

어느 날 공자가 구슬을 만지작거리며 말했다.

"대체 이 구슬을 어떻게 꿰어야 한단 말인가?"

사연인즉슨 공자가 진귀한 구슬을 선물받았는데, 그 구슬 구멍이 아홉 구비로 휘어 있었다. 다양한 방법으로 구슬을 꿰려 해봤지만, 도무지 방법을 알아낼 수가 없었다. 고민에 빠져 길을 걸어가고 있는데, 마침 뽕밭에서 뽕잎을 따던 아낙네가 보였다.

'아녀자들은 바느질을 자주 하니 혹시 알 수 있지 않을까?'

공자는 아낙네에게 다가가 구슬을 내밀었다.

"혹시 이 구슬 꿰는 법을 알 수 있겠습니까?"

아낙네는 구슬을 들고는 이리저리 돌려보더니 이렇게 말했다.

"찬찬히 한번 생각해보세요."

공자가 듣기에 너무 성의 없는 답변이었다. 아무리 고민해봐도 알 수 없어서 물어본 것인데 찬찬히 생각하라니, 허탕을 쳤다는 생각에 다시 길을 가려다 공자는 탁 하고 무릎을 쳤다.

'찬찬히蜜'는 '꿀 밀蜜'과 발음이 같지 않은가!

아낙은 꿀을 생각해보라는 말을 한 것이었다. 공자는 꿀을 구한 후 근처의 나무 아래로 달려가 개미 한 마리를 잡아왔다. 개미 허리에 실을 묶어 구슬 앞에 두고 반대편 구멍에 꿀을 발라놓았더니, 개미는 꿀 냄새를 좇아 이쪽 구멍에서 저쪽 구멍으로 나왔다. 공자는 아낙네의 조언을 받아 구슬에 실을 꿸 수 있었다.

강영중 대교그룹 회장은 배움을 경영하자는 주제로 쓴 글에서 '공자천주'를 언급했다. 그는 칼럼을 통해 이렇게 말했다.

"공자천주라는 말이 있다. 공자가 진나라를 지나갈 때 어떤 이에게 아홉 번이나 구부러진 구멍이 있는 구슬을 얻었는데, 아무리 애를 써도 실이 꿰어지지 않았다. (중략) 공자는 배움에 신분이나 나이를 따지지 않았다. 자기보다 못한 사람이라도 배워야 할 것이 있다고 생각했고, 배우는 것을 부끄러워하지 않았다. 어느덧 환갑이 넘은 나이지만 필자는 여전히 배움에 목마르다. 스물여섯이라는 젊은 나이에 창업해 사업을 키워나가다 보니 비교적 다른 사람들보다 빨리 최고 의사결정권자가 되었다. 하지만 회사 규모가 커질수록 최고경영자에게 필요한 자질이 부족하다고 느꼈고 그때마다 좌절했다. 그래서 필자는 평생을 배움의 자세로 살아야겠다고 마음먹고 있다. (중략) 우리 인생에서 이제부터 '배움'을 경영해보는 것은 어떨까. 배움을 멈추지 않는다면 내 가능성도 멈추지 않을 것이다."

사람들은 고민이 있거나 무언가를 배워야 할 때 타인들에게 도움을 구하려 한다. 특히 제대로 판단하기 어려울 때에는 더더욱 타인들의 잣대를 통해 자신의 선택을 되돌아본다. 그런데 문제는 누구에게 물어볼 것이냐는 점이다. 고민과 그에 대한 해결책은 개인이 살아온 길과 지금 살고 있는 생활환경을 반영한다. 비슷한 환경의 친구에게 물어보면 대개 자신의 생각과 비슷한 답변이 돌아오는 것도 이 때문이다.

공자가 자신의 친구가 아닌 길가의 아낙네에게 구슬 꿰는 법을 물은 것은 대단히 지혜로운 처사였다. 만일 공자가 자신의 오랜 지인들에게 이를 물었다면 해결할 수 있었을까. 평생 책을 벗 삼아 살아온 공자의 친구들 역시 공자와 마찬가지로 구슬 꿰는 법을 모를 가능성이 다분하다.

공자천주는 끊임없이 배워야 한다는 교훈과 함께, 배움과 조언을 구할 때는 자신과 전혀 다른 환경의 사람에게 구하라는 또 다른 교훈을 던져준다. 무언가를 선택해야 할 때, 조언을 얻어야 할 때면 '차원'을 바꿔보라. 그리고 전혀 다른 곳에서 멘토를 구해보라. 전혀 다른 환경의 사람들이라면 기존과 다른 차원의 해결책을 제시해줄 수 있을 것이다.

공자천주 : 공자 공孔 | 아들 자子 | 꿸 천穿 | 구슬 주珠

> 공자가 구슬을 꿴다는 말로, 자신보다 못한 사람에게 무언가를 묻는 것이 부끄러운 일이 아님을 의미한다. 나아가 다른 차원에 존재하는 사람에게서 조언이나 해결책을 구하라는 의미로 해석할 수 있을 것이다.
> 유래 : 《조정사원祖庭事苑》

조언을 듣는 자의 마땅한 마음가짐,

집사광익集思廣益

제갈공명은 창의적인 전략을 앞세워 많은 적들을 무찌른 것으로 유명하다. 지략을 세울 때는 혼자 골똘히 생각하는 편이었지만, 나랏일을 할 때는 절대 독단적으로 일을 처리하는 법이 없었다. 그는 촉나라의 승상에 오른 후 도움과 협조를 구하는 글을 발표했다.

"무릇 관직에 오른 사람이라면 무언가를 결정하기 전에 여러 사람의 의견을 모아 국익을 넓히는 데 힘써야 할 것이다. 조금이라도 미움을 받지 않을까 걱정하여 의견을 말하기를 멀리하고, 서로 의견이 엇갈릴까 걱정하여 말하기를 꺼린다면 그것 자체가 큰 손실이 아닐 수 없다. 의견이 엇갈리는 가운데서도 반드시 얻을 것은 있다. 이는 바로 쓸데없는 것들을 버리고 주옥을 얻어내는 것과 마찬가지다."

자신의 견해와 전혀 다른 조언에 선뜻 수긍하기란 쉽지 않을 것이다. 하지만 제갈공명의 말처럼 다른 이들의 의견을 듣지 못하는 것 자체가 큰 '손실'이다. 따라서 조언해주는 상대를 최대한 편하게 해주어야 한다. 외고집 혹은 소심함에 사로잡혀 남들의 의견을 듣지 않는다면, 결국 손해를 보는 것은 나 자신일 뿐이다.

집사광익 : 모일 집集 | 생각 사思 | 넓을 광廣 | 더할 익益

생각을 모아 이익을 더한다는 뜻으로, 많은 사람의 지혜와 조언을 모으면 더 큰 성공과 이익을 이룰 수 있다는 의미다.
유래 : 제갈공명의 〈교여군사장사참군연속〉

四字
字
疏
通

2장 / 목표 앞에서
혼란스러울 때

유지경성有志竟成 투서기기投鼠忌器 견란구계見卵求鷄 철저마침鐵杵磨鍼 공휴일궤功虧一簣

눌언민행訥言敏行 중석몰촉中石沒鏃 숙능생교熟能生巧 흉유성죽胸有成竹 포정해우庖丁解牛

파부침주破釜沈舟 애병필승哀兵必勝 망매지갈望梅止渴 마혁과시馬革裹尸 당랑거철螳螂拒轍

치망설존齒亡舌存 발분망식發憤忘食 파증불고破甑不顧 다기망양多岐亡羊

유有志
지
경竟
성成

상처를 입더라도
굴하지 말고
앞으로
나아가라

후한시대 장수인 경엄은 광무제의 명령을 받고 장보張寶의 군대를 치러 나섰다. 하지만 시작부터 결코 만만치 않았다. 장보의 군대가 생각보다 전력이 강했던 데다, 뛰어난 전술까지 구사했기 때문이다. 하지만 기필코 승리하겠다는 경엄의 의지 또한 쉽사리 꺾일 만한 것은 아니었다. 그는 선비 출신이었지만 젊은 시절부터 장군이 되고 싶어 했고, 무관들이 창칼을 휘두르는 모습을 보며 자신도 훗날 장군이 되리라 굳게 마음먹고 있었다. 그리고 광무제의 부하가 된 뒤로는 수많은 전투에서 적들의 무릎을 꿇게 한 백전노장이 되었다.

그럼에도 장보와의 전투는 결말을 예측할 수 없을 만큼 엎치락뒤치락하는 혼전의 연속이었다. 군대가 수세에 몰리는 듯하자 이번에는 장보가 직접 군사들을 몰고 달려왔다. 이때 맞서 싸우던 경엄에게 치명적인 일이 일어났다. 적군이 쏜 화살에 다리를 정통으로 맞은 것이다. 극심한 통증으로 말을 타기조차 힘들었고, 쏟아낸 피만 족히 한 사발은 될 정도였다. 이를 보다 못한 부하가 경엄에게 달려왔다.

"장군님, 싸움을 계속하기엔 상처가 너무 깊은 듯합니다. 잠시 퇴각했다가 전열을 가다듬어 공격하는 것이 어떻겠습니까?"

하지만 경엄의 안색은 조금도 흔들리지 않았다.

"이 전투에서 승리하여 술과 안주를 갖추어 주상을 영접하는 것이 마땅하다. 어찌 적의 군대를 멸하지 못해 주상께 걱정을 끼쳐드릴 수 있겠는가!"

경엄은 상처를 다시 싸매고 말에 올라 또다시 진군을 외쳤다. 부하들은 장수가 피를 흘리면서도 앞장서는 모습을 보고는 함성을 지르지 않을 수 없었다. 핏빛 함성은 순식간에 압도적인 기세로 이어졌고, 결국 장보의 군대는 대패한 후 지리멸렬하게 후퇴하고야 말았다. 후한은 이 한판의 싸움으로 천하를 제패할 승기를 잡게 되었다. 승리의 소식을 접한 광무제는 경엄의 절뚝거리는 다리를 보며 감격스러워했다.

"장군이 예전에 남양에서 천하를 얻겠다고 말했을 때는 실현가능성이 없는 줄 알았소. 하지만 뜻이 있으니 마침내 성공을 하는구려!"

우리투자증권의 황성호 사장은 2011년 삶과 경영의 기틀을 확립하는 자세로 '유지경성'을 꼽았다. 그가 이 사자성어를 선택한 것은 끊임없이 변화하는 환경에서 꿈과 목표를 잃지 않고 한발 한발 나아가는 것이 얼마나 중요한지를 누구보다 잘 알고 있기 때문이다. 특히 증권시장은 그 어떤 시장보다 수많은 변수와 리스크가 존재하는 곳이다. 예상치 못했던 상황을 만나면 증시는 요동치고, 급변하는 상황은 목표를 이루어가는 데 크나큰 난관으로 작용한다. 그때 요동 속에서 중심을 잡지 못하면 결국 '난파'라는 최악의 결과를 맞을 수밖에 없다.

삶의 항로도 마찬가지다. 우리는 살면서 수많은 계획과 목표를 세우지만, 그만큼 많은 변수와 그로 인한 상처, 좌절 등을 경험한다. 그때마다 많은 이들이 상처 없이 나아가기를, 별일 없이 목표를 이루기를 기원한다. 하지만 상처 없는 성공은 있을 수 없고 좌절 없는 영광 또한 불가능하다. 어떤 의미에서 목표를 이뤄냈다는 말은 '목표를 이루는 과정에서 생긴 수많은 좌절과 상처를 극복했다'는 말과 같다. 목표를 성취했을 때 눈앞에 펼쳐질 아름다운 상황만 상상하지 말고, 마땅히 거쳐야 할 고통과 괴로움에 대비하라. 경엄이 피를 철철 흘리면서도 적진을 노려보며 다시 말에 올랐던 것처럼 말이다.

유지경성 : 있을 유有 | 뜻 지志 | 마침내 경竟 | 이룰 성成

뜻이 있으면 기필코 이룰 수 있다는 의미로, 절실한 목표를 가진 이들이 취해야 할 인내와 전진의 정신을 말한다.
유래 : 《후한서後漢書》〈경엄전耿弇傳〉

어찌 항아리를 깨지 않고
쥐를 잡을 수 있겠는가, 투서기기投鼠忌器

서한西漢시대 경제景帝 시절의 정치가였던 가의賈誼는 늘 황제의 측근에서 황제의 눈을 어지럽히는 무리를 주시하고 있었다. 가의는 그들의 죄상을 어떻게든 황제에게 알리고 싶었으나 그것 또한 황제에게 죄를 짓는 것이 아닐까 걱정스러웠다. 그는 고민 끝에 한 가지 비유를 생각해내고 경제를 알현해 이렇게 말했다.

"전하, 쥐 한 마리가 한밤중에 부엌에서 음식을 훔쳐 먹다 주인에게 들키자 항아리로 숨어버렸습니다. 주인은 쥐를 때려잡고 싶었지만 항아리가 깨질 것 같아 어찌해야 할지 몰랐습니다."

황제가 말을 받았다.

"쥐를 잡으려면 항아리를 깨는 게 당연한 것 아닌가."

"지금 폐하의 주위에는 많은 잘못을 저지르는 자들이 있지만, 아무도 감히 잘못을 지적하지 못하고 있습니다."

무슨 뜻인지 깨달은 경제는 말없이 고개를 끄덕였다.

목표를 이루려면 상처뿐 아니라 희생도 따르기 마련. 목표를 이루는 과정에서는 반드시 무언가를 잃을 수밖에 없다. 물론 쥐도 잡고 항아리도 온전히 보전한다면 얼마나 좋겠는가. 하지만 항아리를 깨지 않고는 쥐를 잡을 수 없는 노릇. 항아리를 아끼려다가는 이도저도 못한 채 헛되이 시간만 낭비하기 쉽다. 무심히 시간을 흘려보내지 않기 위해서라도, 찜찜한 쥐를 잡기 위해서라도, 반드시 '항아리'는 깨져야 한다.

투서기기 : 던질 투投 | 쥐 서鼠 | 꺼릴 기忌 | 그릇 기器

쥐에게 물건을 던져 때려잡고 싶으나 옆에 있는 그릇을 깰까 꺼린다는 말로, 임금 곁의 간신을 제거하려 해도 임금에게 누가 될까 두려워한다는 뜻이다. 여기서는 목표를 이루는 과정에서 무언가를 희생할 수밖에 없음을 말하고 있다.

유래 : 《한서漢書》

시작도 하기 전에 성취감에 취하지 마라,

견란구계見卵求鷄

구작자瞿鵲子라는 사람이 자신의 스승인 장오자長梧子에게 물었다.

"공자의 이야기에 따르면 성인은 속된 세상일에 종사하지 않고 이익을 추구하지 않으며, 말하지 않아도 말하고 말해도 말하지 않은 듯 속세를 떠난 것처럼 노닌다고 했습니다. 공자는 이 말이 터무니없어 보일지는 몰라도 이것이야말로 미묘한 도를 실천하는 것이라 말했습니다. 선생님께서는 어떻게 생각하십니까?"

스승인 장오자가 답했다.

"이 말은 황제가 들었다고 해도 당황했을 터인데, 네가 어찌 그것을 알 수 있겠느냐. 너는 지나치게 마음이 급하구나. 달걀을 보고 하루 빨리 새벽을 알리기를 바라는 것이나, 탄알을 보며 새구이 먹기를 바라는 것과 무엇이 다르겠는가."

유지경성에 방점을 찍는 것은 '마침내'라는 말일 것이다. 상처와 희생을 이겨내고 '마침내' 이룬 달콤한 성취감이야말로 유지경성의 진정한 교훈이다. 견란구계는 유지경성이 '인내'의 열매임을 다시금 각인시킨다. 새를 맞힐 탄알을 바라보며 입맛을 다시는 것은, 일을 시작하기도 전에 영광에 취하는 것과 비슷하다. 미래에 대한 상상은 동기를 부여해주지만, 그것이 지나치면 시작도 하기 전에 힘이 빠질 수 있다. '마침내'를 외칠 때까지, 견란구계의 교훈을 잊어서는 안 될 것이다.

견란구계 : 볼 견見 ㅣ 알 란卵 ㅣ 구할 구求 ㅣ 닭 계鷄

> 달걀을 보고서 닭이 되어 울기를 바란다는 뜻으로, 성과에 대한 조급함을 경계하고 있다.
>
> 유래 : 《장자莊子》〈제물론편齊物論篇〉

철鐵 저杵 마磨 침鍼

성공을 원한다면 무겁고 혹독한 시간을 이겨내라

'중국 역사상 최고의 시인'으로 추앙받는 이백李白은 방랑과 자유로 점철된 삶을 살았다. 심지어 술에 취해 강물에 비친 달을 잡으려다 익사했다는 전설이 나돌 정도였으니, 그의 분방하고 자유로운 기개가 그의 시를 만들어낸 원천임은 분명하다. 하지만 이러한 성품은 간혹 단점으로 작용한다. 특히 학문을 닦는 데 방해가 되는 것도 사실이다.

이백은 한동안 상이산에 들어가 공부에 열중했지만 오래 계속하지는 못했다. 보이는 것은 나무요, 들리는 것은 물소리뿐이었던 적막한 산에서 세속의 즐거움을 찾지 못했기 때문이다. 결국 참다못한 이백은 중간에 공부를 포기하고 집으로 돌아가리라 결심했다. 터벅터벅 산길을 내려오는 길은 홀가분하면서도 한편으로는 왠지 찜찜했다. 애초 목표했던 공부를 다 마치지 못했기 때문이었다.

산길을 다 내려와 막 시냇물을 건널 때였다. 그런데 한 노파가 무거운 쇠공이를 숫돌에 갈고 있었다. 이백은 의아한 생각에 이렇게 물었다.

"할머니, 그걸 왜 갈고 계세요?"

노파는 무심히 대답했다.

"이걸 갈아서 바늘을 만들려고."

이백은 어이가 없었다. 두꺼운 쇠공이를 갈아서 바늘을 만든다니 생각만 해도 기막힌 일이었다.

"에이, 그게 말이나 됩니까. 헛수고하지 마세요!"

그러자 노파는 정색을 하며 말했다.

"쉬지 않고 하다 보면 왜 안 되겠어?"

노파의 마지막 한마디가 이백의 가슴을 파고들었다. 그는 학문을 끝까지 마치지 못한 자신을 질책하기 시작했다. 늙고 힘없는 노파도 저렇게 노력하는데, 젊은 자신이 쉽게 학업을 포기한 것이 한없이 부끄럽게 느껴졌다. 노파의 말에 뼈저리게 반성한 이백은 그 길로 산에 돌아가 공부에 열중하기 시작했다. 그리고 마침내 '중국 역사상 최고의 시인'이 될 만한 탄탄한 학문적 기반을 닦게 되었다.

동국제강 장세주 회장은 2011년 신년사에서 '철저마침'이라는 말로 전 사원의 의지를 독려했다. 동국제강은 그룹의 미래가 걸린 '브라질 고로제철소 사업'을 앞둔 상황이었다. 장 회장은 이미 수년 넘게 이 사업에 공을 들여왔다. 2001년 회장에 취임했을 때부터 선대 회장이자 아버지의 유지遺志였던 브라질 사업에 심혈을 기울였고, 이를 위해 10년 동안 '철저마침'해왔던 것이다.

공부를 중도포기하고 산을 내려오던 이백과 무거운 쇠공이를 숫돌에 갈고 있던 노파의 차이점은 무엇이었을까. 쇠공이를 가는 물리적인 힘이었을까? 신체적인 힘이야 당연히 노파보다는 이백이 더 강할 터. 노파가 가진 진정한 힘은 바로 '시간을 견디는 힘'이었다. 노력하면 안 되는 일은 없다는 것은 누구나 아는 사실. 그럼에도 불구하고 모두가 성공할 수 없는 것은 대부분 노력의 시간을 견디지 못하기 때문이다.

철저마침은 끊임없는 노력과, 노력의 시간에 대한 이야기다. 두꺼운 쇠공이가 한 번, 두 번, 세 번의 숫돌질을 통해 조금이라도 닳아져나가는 그 시간을 견디라는 말이다.

화려한 성공 뒤에는 예외 없이 혹독한 시간들이 존재한다. 어둠이 없으면 빛도 없듯이, 혹독하고 무거운 시간들 없이는 당신의 화려함도 있을 수 없다. 지금 당신의 앞에서 보란듯이 성공을 자랑하며 질투심을 자극하는 그 사람도 분명 어둠 속에서 고군분투했던 시간을 거쳤을 것이다. 미워해야 할 사람은 상대가 아니라, 그 시간도 견뎌내지 못한 당신이 아닐까.

철저마침 : 쇠 철鐵 | 공이 저杵 | 갈 마磨 | 바늘 침鍼

쇠공이를 갈아서 바늘을 만든다는 뜻으로, 목표를 향해 나아가는 사람이 반드시 가져야 할 인내와 집요한 의지를 말한다.
유래 : 《방여승람方輿勝覽》〈마침계磨鍼溪〉

마침표를 찍기 전까지는
모두 '처음'일 뿐이다, 공휴일궤功虧一簣

'주지육림酒池肉林'이란 말이 생길 정도로 방탕했던 상商나라 주왕과 고위급 관리들. 그들의 작태는 많은 이들의 분노를 불러일으켰고, 결국 서백발西伯發과 강태공姜太公은 힘을 합쳐 군사들을 일으키게 된다. 훗날 서백발은 주周나라의 무왕이 되었는데, 그의 동생은 무왕에게 이런 편지를 올렸다.

"산을 쌓은 공이 마지막 삼태기 하나로 무너지는 법입니다. 부디 정사를 잘 살펴 백성들이 평화롭게 살 수 있도록 해주십시오."

사실 일을 나누어보면 매 순간은 균일하다. 100이라는 일을 해내려면 100의 모든 과정에 최선을 다해야 한다. 하지만 대부분의 사람들이 '80~90' 정도에서 방심하곤 한다. 이제 다 끝났다는 안도감이 일의 완성도를 망치는 것이다.

거대한 산을 쌓는 첫 삼태기와 마지막 삼태기에 쏟는 노력에는 변함이 없어야 한다. 자칫 방심했다가는 모든 것이 무너질 수 있다. 일을 진행하는 동안만이라도 안심, 안도, 낙관적 전망 등을 지워버리자. 마지막 마침표를 찍기 전까지는 모든 것이 처음이나 다름없다고 생각하자.

공휴일궤 : 공로 공功 | 이지러질 휴虧 | 한 일一 | 삼태기 궤簣

> 한 삼태기의 흙 때문에 큰 산을 쌓는 공이 허물어진다는 뜻으로, 여기서는 방심하지 말고 끝까지 최선을 다하라는 의미를 지닌다.
> 유래 : 《서경》〈여오편旅獒篇〉

말하기는 쉬워도 행하기는 어려운 법이다,

눌언민행訥言敏行

공자는 《논어論語》에서 스승의 가르침을 제대로 따를 수 있는 조건에 대해 이렇게 말했다.

"군자는 언어에는 둔해도, 실천하는 데는 민첩해야 한다."

성공에 관한 상투적인 표현 중에서 '성공을 위해 묵묵히 노력한다'는 말이 있다. 이러한 모습은 쉽게 볼 수 있다. 불자들은 깨달음이라는 궁극적인 목표를 위해 묵언수행을 하고, 천주교에서는 하느님을 생각하며 묵상을 한다. 유가족과 희생자를 기리는 엄숙한 자리에서도 묵념을 하게 된다. 무언가를 성취하거나 간절히 기리는 것과 말을 삼가는 것 사이에 무슨 관련이라도 있는 것일까?

사실 말을 하는 것은 상당한 에너지를 소비하는 일이다. 반대로 말을 삼가는 것은 발산되는 에너지를 한곳으로 모으는 작업이다. 쇠공이를 가는 노파가 주변 사람들과 웃고 떠들며 쇠공이를 간다면 어떨까. 과연 제대로 일을 마칠 수 있을까?

혹독한 과정을 참아내며 자신의 목표를 이루고 싶다면 지나친 말을 삼가고 묵묵히 실천에 집중하라. 이는 에너지를 모으는 동시에 결승점을 향해 달려가는 힘을 축적해줄 것이다.

눌언민행 : 말더듬을 눌訥 | 말씀 언言 | 빠를 민敏 | 행실 행行

말하기는 쉬워도 행하기는 어려우므로, 말은 둔해도 행동은 민첩해야 함을 이르는 말이다.
유래 : 《논어》 〈이인편里仁篇〉

역량은 끝까지 가는 집중력에서 완성된다

중石沒鏃

중국 한나라의 이광李廣이라는 장수는 활 쏘는 실력이 탁월해 인근에 그를 능가할 자가 없을 정도였다. 말 타는 재주까지 뛰어났던 그는 훗날 용맹한 장수로 성장했다. 성품 또한 과묵하고 침착했으며 청렴했다. 그는 자신이 공을 세워 얻은 포상을 늘 부하들에게 나눠주어 돈독한 신임을 얻었다.

그러한 그에게는 한 가지 독특한 신체적 특징이 있었다. 바로 체격에 비해 지나치게 긴 팔이었다. 어쩌면 그러한 신체적 특징이 뛰어난 활솜씨의 원천이었을지도 모르겠다. 활 쏘는 법 또한 신체적 특징만큼 독특했는데, 그는 아무리 적이 가까이 있어도 명중시킬 수 있다는 확신이 없으면 결코 활을 쏘지 않았다. 신중한 자세는 본받을 만했지만 합동작전에서는 그러한 버릇 때문에 부하들이 애를 먹기도 했다.

어느 날 이광이 산에 사냥을 하러 갔을 때의 일이었다. 그는 풀숲에서 호랑이 한 마리가 숨죽이고 있는 것을 알아차렸다. 이광은 화살을 꺼내든 후 온 정신을 집중해 시위를 당겼다. '팽!' 하고 적막을 가르며 날아간 화살은 호랑이의 옆구리에 정통으로 박혔다. 그런데 분명히 화살을 맞았는데도 호랑이는 꿈쩍조차 하지 않았다. 대개 활을 맞으면 포효를 하며 달아나거나 쓰러져 신음을 내기 마련인데 말이다. 가까이 다가간 이광은 실로 놀라운 광경을 목격했다. 자신이 맞힌 것은 호랑이가 아니라 호랑이를 닮은 큼직한 돌덩이였다. 활을 잡은 지 수십 년이 넘었지만 활이 돌덩이에 박힌 적은 처음이었다. 그는 너무 신기한 나머지 다시 한 번 가까운 거리에서 있는 힘껏 활시위를 당겼지만, 이번에는 '퉁' 하며 화살이 빗겨져나갔다. 이광은 이 일로 적지 않은 교훈을 얻었다.

2004년 SKC의 최고경영자로 부임한 박장석 사장의 사무실에는 다트판이 걸려 있다. 이광이 온 정신을 집중해 화살을 쏜 것처럼 그는 집중력을 모아 다트를 던진다. 중석몰촉은 박 사장이 마음에 품은 경영의 화두이자, 전 직원들이 지켜주었으면 하는 신념이다. 실제 SKC 사내 곳곳에서도 '중석몰촉'이라는 글귀를 볼 수 있다. 그는 한 언론과의 인터뷰에서 이렇게 말했다.

"사장은 발 한쪽을 벼랑에 걸친 사람이다. 사운社運이 걸린 결정을 내리려면 '중석몰촉'과 같은 첨예한 집중력이 필요하다."

사실 모든 조직과 모든 사람은 한발을 벼랑에 두고 있다. 안정돼 보이지만 언제 삐끗할지 모르고, 잘나가는 것처럼 보이지만 언제 길을 잃을지는 아무도 모른다. 불안하고 초조할수록 순간의 선택이 운명을 좌우하는 것은 불변의 진리다.

강인한 집중력은 단순히 정신적인 차원을 넘어선다. 앞서 이광은 화살을 두 번 쏘았다. 하나는 호랑이인 줄 알고 쏜 화살, 다른 하나는 돌이라는 것을 알고 쏜 화살이었다. 그러나 분명 같은 활과 화살로 쏘았는데도 하나는 박혔고 하나는 튕겨져 나왔다. 이는 곧 강인한 집중력이 현실적인 파괴력을 지닌다는 것을 보여준다. 평소에는 산발적으로 흩어져 있던 정신이 한곳으로 모이며 산술적 합산 이상의 '괴력'을 발휘한 것이다.

그러나 집중력이 '진정한' 가치를 발휘하려면 순간적인 집중에 그쳐서는 안 된다. 평사원으로 입사해 CEO의 자리에 오른 박장석 사장은 자신의 성공비결을 다음과 같이 말했다.

"성공적인 회사생활을 하는 사람과 그렇지 못한 사람의 차이는 역량이 아니라 끝까지 도전하는 자세다."

집중을 하려면 '끝까지' 해야 한다. 누구나 역량을 갖추고는 있다. 온전한 결실을 맺으려면 끝까지 집중할 줄 알아야 한다. 스스로의 역량을 자랑하기보다 '끝까지' 할 수 있는지를 생각하자. 당신이 어디까지 발전할 수 있는지는 어디까지 집중할 수 있느냐에 달려 있다 해도 과언이 아니다.

중석몰촉 : 맞을 중中 | 돌 석石 | 잠길 몰沒 | 화살 촉鏃

돌에 화살을 박는다는 뜻으로, 자신의 목표를 끝까지 성취하려는 자들이 추구해야 할 자세를 뜻한다.

유래 : 《사기》〈이장군열전李將軍列傳〉

능력은 타고나는 것이 아니라
길러지는 것이다, 숙능생교熟能生巧

북송 시대의 진요자陳堯咨는 활쏘기의 명수로 널리 알려져 있었다. 아주 먼 거리에서도 동전 구멍을 맞힐 정도였다. 물론 스스로에 대한 자부심도 대단했다.

어느 날 진요자가 자기 집 뜰에서 활을 쏘고 있을 때였다. 여느 때처럼 그를 보기 위해 구경꾼들이 몰려들었다. 그런데 모두가 날아가는 화살 하나하나에 놀라는데, 유독 기름장수 노인만이 심드렁하게 고개를 끄덕였다. 이 모습을 본 진요자는 살짝 언짢은 기분으로 노인에게 물었다.

"혹시 그대도 활을 쏠 줄 아는가? 아니면 놀라지 않을 만큼 내 활솜씨가 훌륭하지 않단 말인가?"

노인이 별일 아니라는 듯 대답했다.

"활쏘기가 특별한 것은 아니지요. 단지 손에 익었을 뿐 아닌가요?"

진요자는 더욱더 크게 화를 내기 시작했다. 그러자 노인은 땅바닥에 호로병을 내려놓은 뒤 병 입구에 동전을 올려놓았다. 그리고 호로병에 기름을 따르기 시작했다. 놀랍게도 기름을 다 따를 때까지 동전에는 기름 한 방울 묻지 않았다.

"저도 특별한 재주는 없습니다. 단지 손에 익었을 뿐입니다."

특정 분야에서 남들은 도저히 못할 것 같은 일을 해내는 이들에게 그 '비결'을 물어보면, 대부분 열심히 했을 뿐이라거나 노력하면 안 되는 게 없다는 비슷한 답변이 돌아온다.

하지만 그들은 직접 체득한 '숙능생교'의 정답을 말한 것이다. 하고 또 하고 또 하면 자연스럽게 '놀라운 결과물'을 내놓을 수 있다. 누군가의 뛰어난 능력은 타고난 게 아니라, 훈련과 반복의 결과물일 뿐이다.

숙능생교 : 익을 숙熟 | 능할 능能 | 날 생生 | 공교로울 교巧

능숙해지면 기교가 생긴다는 뜻으로, 오랜 기간 갈고닦으면 뛰어난 능력을 발휘할 수 있다는 말이다.

유래 : 북송 시절 진요자와 기름장수 노인 간의 고사에서 전해짐.

집중하기 전에 원하는 목표부터 마음에 그려라,
흉유성죽胸有成竹

중국 북송 시절의 문인이자 화가였던 문동文同은 인품이 매우 고결했고, 문장과 그림, 글씨에도 상당히 능했던 인물이었다. 특히 그의 대나무 그림은 일품이었다. 그가 그린 대나무는 바람이 불면 금방이라도 사삭거리는 소리를 낼 것처럼 생동감이 넘쳤다.

그가 그림을 잘 그릴 수 있었던 비결은 단 하나였다. 그는 대나무 그림을 잘 그리기 위해 창가에 수십 그루의 대나무를 심어놓고 정성껏 가꾸며 하루도 관찰을 빼놓지 않았다. 계절별로 형형색색 바뀌는 대나무와 밤낮과 온도에 따라 달라지는 대나무의 자태를 마음에 새긴 것이다. 오랜 세월이 흐르자 눈을 감고 있어도 대나무의 모습이 훤히 떠오를 정도였다.

흉유성죽은 특정 분야에서 '경지'에 오르는 방법을 잘 설명하고 있다. 어떤 일을 시작하기 전에 어떻게 일할지, 마음속에 완벽한 계획을 세우는 것이다. 마음속에 세워놓은 계획을 따라가다 보면 다른 길로 빠지지 않고 집중력을 발휘해 자신의 능력을 십분 발휘할 수 있다.

흉유성죽 : **가슴 흉**胸 | **있을 유**有 | **이룰 성**成 | **대나무 죽**竹

대나무를 그리기에 앞서 마음속에 이미 대나무를 새겨두었다는 말로, 일을 시작하기 전에 미리 계획을 세워놓고 실천에 옮기는 자세를 뜻한다.
유래 : 문동의 절친한 친구인 조보지晁補之의 시에서 비롯됨.

마음에 집중하여 달인이 되는 법, 포정해우庖丁解牛

어느 날 포정이라는 뛰어난 요리사가 문혜군 앞에서 소를 잡게 되었다. 그런데 문혜군이 그 모습을 보니 참으로 뛰어났다. 손을 대고, 어깨를 기울이고, 발로 짓누르고, 무릎을 구부려 칼을 부리는 솜씨가 가히 신기에 가까웠기 때문이다. 감탄하던 문혜군이 포정에게 물었다.

"어떻게 하면 그런 경지에 오를 수 있는가?"

포정이 칼을 내려놓고 대답했다.

"제가 처음 소를 잡을 때는 소가 보여서 저의 손을 댈 수가 없었습니다. 그런데 3년이 지나자 어느새 소의 모습은 보이지 않았습니다. 요즘 저는 정신으로 소를 대하지 눈으로 보지 않습니다. 눈의 작용이 멎으니 정신의 자연스러운 작용만 남습니다. 평범한 소잡이가 매달 칼을 바꾸는 것은 무리하게 뼈를 가르기 때문입니다. 뛰어난 소잡이가 1년마다 칼을 바꾸는 것은 살을 자르기 때문입니다. 그러나 제 칼은 19년이나 되었고 수천 마리의 소를 잡았지만 마치 방금 숫돌에 간 것 같습니다. 저의 칼은 살과 뼈 사이에 있는 틈새에서 움직이며 소의 몸이 생긴 그대로를 따라갑니다."

포정이 소의 모습을 눈으로 보지 않고 마음으로 소의 생김새를 따라간 것처럼, 당장의 이익에 연연하지 않고 주어진 목표에 집중하라. 그러다 보면 어느새 특정 분야의 달인이 된 당신을 발견할 수 있을 것이다.

포정해우 : 부엌 포庖 | 사내 정丁 | 풀 해解 | 소 우牛

솜씨가 뛰어난 포정이 소의 뼈와 살을 발라낸다는 뜻으로, 신기에 가까운 솜씨를 비유하거나 기술의 묘를 칭찬하는 말이다. 여기서는 방황하지 않고 주어진 목표를 향해 꾸준히 정진하라는 말로 해석하고 있다.
유래 : 《장자》

破釜沈舟

파
부
침
주

마지막 승부수를 던져라

진시황 말년 진나라의 급격한 통일정책과 더불어 대규모 토목공사들이 시행되었다. 어쩔 수 없이 부역에 끌려나가긴 했지만 백성들의 불만은 하늘을 찌를 듯 높았다. 급기야 민심이 동요하기 시작했고, 시황제가 죽고 나서부터는 그 동안 폭정에 고통받았던 백성들이 전국에서 민란을 일으켰다. 이에 진나라는 민란을 평정하려 장군 장한章邯을 보냈다. 장한은 항우의 숙부 항량을 죽이고 조왕의 군대까지 격파한 후 쥐루라는 지역을 포위했다. 조왕의 대장인 진여는 다급히 항우에게 구원병을 요청했다. 항우는 직접 출병하기로 결심했지만, 막강한 진나라의 군대와 싸우기에는 여러 면에서 역부족임을 잘 알고 있었다. 항우의 군대가 드디어 장하강을 건넜을 때였다. 갑자기 항우가 병사들에게 다음과 같은 명령을 내렸다.

"우리가 타고 왔던 배를 모두 부숴 침몰시켜라!"

부하들이 모두 배를 부수고 오자 항우는 또다시 명령을 내렸다.
"3일분의 음식을 만든 후 모든 밥솥을 깨뜨려라!"

결국 항우의 군사들은 다시 타고 갈 배도 없고, 사흘 후부터는 더 이상 먹을 것도 없는 상태에 처하고 말았다. 살아 돌아갈 방법은 상대와 싸워 이기는 것뿐. 막다른 궁지에 몰린 병사들은 죽음을 각오하고 싸우기 시작했다. 총 아홉 번의 전투 끝에 진나라의 부대는 서서히 무너지기 시작했고, 마침내 항우는 승리를 쟁취했다.

SK그룹 최태원 회장은 2010년 '파부침주'를 화두로 경영에 임했다. 최 회장이 이를 언급한 것은 그룹 안팎의 상황 때문이었다. 당시 SK그룹은 2007년 지주사 출범 이후 정체기를 맞고 있었다. 인수합병 등을 통해 덩치는 불어났지만, 글로벌 기업으로 도약하기에는 부족한 점이 많다는 평가도 나온 시점이었다. 이러한 상황에서 최 회장은 밥솥을 깨고 배를 침몰시키는 파부침주의 심정으로 2010년말 대규모 인사교체를 단행했다. 강력한 승부수를 던진 것이다. 당시 언론은 각 그룹의 최고경영자들을 실무에 능한 50대 초반으로 교체한 SK의 인사를 두고 '예상을 뛰어넘는 규모의 인사와 조직혁신'이라고 평했다. 2011년 3월에는 야심차게 뛰어들었던 수입차 사업에서 전면 철수하고 그룹 내에서 생명과학 사업을 분리하는 등 재정비를 시도했다.

파부침주는 목적을 달성하기 위해 배수진을 치고 자신의 모든 것을 거는 행동이다. 여기서 주목해야 할 것은 '승부수'의 의미다. 파부침주는 단순히 '모든 것을 걸겠다'가 아니라, '모든 것을 걸 수 있는 특정한 계기를 만들겠다'의 의미가 더욱 강하다. 항우의 군대는 장하강을 건너기 이전이나 이후나 똑같은 군대였다. 그러나 항우가 배를 부수고 밥솥을 깨는 '승부수'를 던지자 그들은 강력한 병사들로 변하기 시작했다.

목표를 향해 앞만 보고 뛰어가다 보면 누구에게나 힘이 빠지는 시기가 생긴다. 걷고 싶을 때도 있고 잠시 쉬어가고 싶을 때도 있다. 때로는 가야 할 길이 너무 멀고 상대가 너무 강해 보이기도 한다. 이러한 순간에 필요한 것이 바로 모든 에너지를 한곳으로 모으는 '파부침주'라는 승부수다. 이는 새로운 동력과 약진의 계기가 되어 또 한 번 자신을 몰입시키도록 돕는다. 승부수의 방법은 다양하다. 데드라인을 정하고 이제껏 해왔던 방법을 바꾸고 기댈 수 있는 여지와 빠져나갈 구멍을 막아버리는 것이다. 목표를 이루는 데 방해가 되는 것은 모조리 배제하는 것도 승부수를 띄우는 방법 중 하나다.

물론 승부수를 던진다고 해서 모든 싸움에서 승리할 수 있는 것은 아니다. 하지만 '긴장감'이라는 고삐를 졸라매고 한 단계 전진할 수 있다는 점에서 결과에 상관없이 목표를 이룰 수 있는 가장 강력한 전략일 것이다.

파부침주 : 깨뜨릴 파破 | 솥 부釜 | 잠길 침沈 | 배 주舟

밥 지을 솥을 깨뜨리고 돌아갈 때 타고 갈 배를 가라앉힌다는 말로, 살아 돌아오기를 기약하지 않고 필사적으로 싸우겠다는 굳은 결의를 나타낸다. 상대가 강해 보이거나 목표에 대한 의지가 흔들릴 때 승부수를 던지는 마음가짐을 뜻한다.

유래 : 《사기》 〈항우본기項羽本紀〉

목표를 위해서는 감정을 이용할 줄도 알아야 한다,

애병필승哀兵必勝

《노자》에서는 양쪽 군사들의 전력이 서로 비슷할 때 어느 쪽이 이길 수 있는지에 대해 이렇게 말하고 있다.

"적을 가볍게 여기는 것보다 더 큰 재앙은 없다. 그것은 곧 나의 보배를 잃는 일이다. 따라서 병사들을 일으킬 때는 슬퍼하는 자가 이긴다."

승부수를 띄우는 '파부침주'를 보완하는 또 다른 방법은 '슬픔'을 활용한 애병필승의 전략이다. 일부러 슬퍼하거나 슬픈 분위기를 조직에 퍼뜨리라는 말은 아니다. 여기서 슬픔은 과거의 실패로 인한 치욕적인 감정, 패배했을 때 느끼게 될 좌절 등을 뜻한다.

파부침주가 '물러설 곳이 없다'는 이성적인 논리에 근거한다면, 애병필승은 감정적인 논리에 의해 뒷받침된다. 이성과 감정이 조화를 이루는 세트 플레이야말로 가장 이상적인 동기부여일 것이다. 이성과 감성의 목표가 동일하다면 그것을 이뤄내는 속도는 한층 더 빨라진다. 병사들의 슬픔과 억울함을 통해 승리를 이끌어내는 애병필승이야말로 목표를 이루는 묘책이자 자세라 하겠다.

애병필승 : 슬플 애哀 | 병사 병兵 | 반드시 필必 | 이길 승勝

비분에 차 있는 병사들이 반드시 승리한다는 말로, 여기서는 목표를 이루기 위해서는 '감정'도 지혜롭게 활용할 줄 알아야 한다는 쪽으로 풀었다.
유래 : 《노자》

생각만으로도 가장 큰 '힘'을 발휘할 수 있다,

망매지갈望梅止渴

진나라를 세운 사마염司馬炎이 오나라를 공격할 때의 일이었다. 길을 잘못 든 병사들이 이리저리 헤매는 동안 식수가 바닥 나버렸는데 아무리 둘러봐도 물을 구할 곳이 없었다. 병사들이 갈증으로 힘들어하자 사마염은 고민 끝에 해결책을 생각해냈다.

"병사들이여, 조금만 힘을 내라. 저쪽 언덕 너머에 매화나무 숲이 있는데, 그곳에는 탐스러운 매실들이 가지가 휘어질 정도로 주렁주렁 달려 있다. 그 매실이 우리의 갈증을 해소해줄 것이다."

매실이라는 말에 병사들의 입에는 침이 고이기 시작했고, 결국 갈증을 잊은 채 힘차게 앞으로 나아갈 수 있었다.

최후의 승부수를 던지거나 감정을 자극해 전진하게 하는 것은 굳이 분류하자면 '독한 해결책'에 가깝다. 하지만 목표를 이루기 위해 매 순간 독한 마음가짐으로 살아갈 수는 없다. 때로는 스스로에게 희망을 불어넣거나 다독거릴 줄도 알아야 한다.

망매지갈은 '생각만으로도 힘을 낼 수 있다'는 중요한 교훈을 시사한다. 희망을 주는 생각이나 다시 용기를 갖게 하는 생각을 한다면 애병을 다스리며 차근차근 전진해갈 수 있을 것이다.

망매지갈 : 바랄 망望 | 매화나무 매梅 | 그칠 지止 | 목마를 갈渴

> 매실을 바라보며 갈증을 해소한다는 말로, 생각만 해도 힘을 낼 수 있음을 뜻한다.
> 유래 : 《세설신어世說新語》

최후의
목표를
세웠는가

마_馬
혁_革
과_裹
시_尸

마원馬援은 후한시대 광무제 때의 명장이었다. 그는 일찍이 변방지역의 오랑캐를 토벌하고 인근의 민란까지 모조리 평정했다. 그 후 복파장군으로 임명된 뒤 명장으로서의 면모는 더욱 빛을 발했다. 그는 교지 지방에서 봉기한 징칙과 징이 자매의 반란을 토벌하고 하노이 부근의 낭박까지 평정했다. 그리고 이러한 공로를 인정받아 '신식후新息侯'라는 공직을 얻었다. 하지만 그는 공직을 받은 것 자체가 불만스러웠다. 공직이 낮아서가 아니라 장군으로서 마땅히 해야 할 일을 했을 뿐인데 지나치게 높은 공직을 받았다는 생각 때문이었다. 이를 참기 힘들었던 마원이 주위 사람들에게 말했다.

"내 주위에 진정 나를 위하는 사람은 없단 말인가. 내게 진실된 조언을 해주는 사람은 한 명도 없구나. 그 옛날 복파장군 노박덕은 남월南越을 평정하고 일곱 군을 새로 일으키는 큰 공을 세우고도 겨우 수백 호의 작은 봉토밖에 받지 못했다. 그런데 지금 나는 큰 공을 세우지도 못했는데 제후로 봉해졌다. 상이 너무 과분하니 이대로 영광을 누릴 일만은 아닌 것 같구나. 좋은 생각이 없겠는가?"

하지만 그 누구도 나서는 이가 없었다. 실망한 마원이 또다시 외쳤다.

"지금 흉노와 오환이 북쪽 국경을 어지럽히고 있으니 천자에게 이들의 정벌을 청할 것이다. 대장부는 마땅히 싸움터에서 죽어 말가죽에 싸인 시체로 돌아와야 한다. 어찌 침대 위에서 여자의 시중을 받으며 죽을 수 있겠는가!"

국내외에 17개의 자회사를 운영하는 동화기업(동화홀딩스) 김동성 전前 대표이사는 2010년 경영에 대한 각오를 '마혁과시'로 밝힌 바 있다. 마혁과시는 자신의 시체를 말가죽으로 싼다는 뜻으로 싸움터에 나가면 돌아오지 않겠다는 단호한 결의를 나타내는 말이다. 즉 '죽을 각오를 하면 살 것이요, 살려고 하면 죽을 것이다'라는 말과 마찬가지다. 전쟁터에 나가는 장수의 각오로 이보다 더 단호하고 결의에 찬 내용은 없을 것이다. 이미 죽기를 각오했고, 설사 죽더라도 아무런 후회가 없는 장수에게 더 이상 무엇을 요구할 수 있겠는가. 그런데 실제 칼과 창을 쓰는 전쟁이 아닌 현실에서는 이 말이 시사하는 의미를 좀 더 현대적으로 바꾸어볼 필요가 있다.

우선 마혁과시의 출발점부터 살펴보자. 마원은 공직을 하사받고도 그것이 지나치다고 불만을 품은 사람이다. 그뿐인가. 침상에서 죽는 것을 도저히 있을 수 없는 일이라 여겼다. 이는 마원이 자신의 '역할'에 대해 가혹하리만치 냉정함을 뜻한다. '장수가 싸우면 됐지 무슨 공직이냐', '장수가 전장에서 죽으면 됐지 왜 침상에 편히 누워 시중을 받느냐'라는 이야기다. 그의 캐릭터를 한마디로 요약하면 '나는 장수다'이다. 이 간단한 문장에는 자신에 대한 본질, 오로지 싸움으로만 모든 것을 말할 것이고 그것만으로 충분하다는 강인한 의지가 내포되어 있다.

살다 보면 리더이지만 '나는 리더다'라는 마음가짐을 갖지 못한 사람들이나, 부하면서도 부하라고 인식하지 못하는 사람들을 마주하곤 한다. 마혁과시는 그러한 점에서 '당신은 무엇을 하는 사람인가'라는, 자기역할에 대한 냉철한 분석을 요구한다.

또한 마혁과시는 이기고 지는 것에 초월하겠다는 것과 같다. 패배를 상정하고 싸워도 힘이 빠질 것이고, 무조건 이길 거라는 분위기에서 '혹시 못 이기면 어떻게 하지'라는 두려움이 생겨난다. 결국 이렇게 하나 저렇게 하나 마음이 편치 않기는 마찬가지다.

마혁과시는 여기에 새로운 교훈을 시사한다. '싸움터에서 마땅히 죽겠다'는 말은 과정으로서의 싸움과 결과로서의 승패를 완전히 분리하는 자세다. 내가 죽어도 전쟁에서 승리하면 되고, 비록 전쟁에서 져도 나는 죽을 때까지 싸우겠다는 것이다. 마원에게 싸움과 승패는 전혀 다른 문제다. 이 말은 다시 '나는 장수다'라는 말과 일맥상통한다. 마원은 그저 싸우기만 하면 된다. 조직에 정말 필요한 사람은 승패에 휘둘리지 않고 '그저 모든 것에 최선을 다하는 실행자'다. 마혁과시는 '죽을 각오로 싸우겠다'는 의미를 넘어 '얼마나 너의 역할에 충실한가'와 '얼마나 실행에 모든 것을 걸고 있는가'를 되묻고 있다.

마혁과시 : 말 마馬 | 가죽 혁革 | 쌀 과裹 | 시체 시屍

> 죽기를 각오하고 전쟁터에서 싸우겠다는 말로, 자신의 역할과 본질에 충실
> 해 조직을 발전시킬 수 있는 자세를 뜻한다.
> 유래 : 《후한서後漢書》〈마원전馬援傳〉

먼저 스스로를 넘어서라, 당랑거철螳螂拒轍

춘추시대 제나라에 장공莊公이라는 사람이 있었다. 어느 날 수레를
타고 사냥터로 가고 있는데, 벌레 한 마리가 앞발을 도끼처럼 휘두
르며 수레를 향해 달려들었다. 장공은 그 모습이 기이해 마부에게
물었다.

"저 벌레는 무슨 벌레인가?"

"저것은 사마귀라는 벌레이옵니다. 이 벌레는 나아갈 줄만 알지
물러설 줄은 모릅니다. 제 힘은 생각지도 않고 적을 가볍게 보는
버릇이 있습니다."

그러나 장공은 마부에게 수레를 돌리라고 한 뒤 이렇게 말했다.

"이 벌레가 사람이라면 반드시 천하에 용맹한 사나이가 될 것이
다."

분명 사마귀의 행동은 무모했다. 어찌 사마귀가 인간과 인간의
수레를 이길 수 있겠는가. 그렇다면 당랑거철은 '무모할 정도로 용
맹하라'는 교훈을 뜻하는 것일까? 문제는 누구를 대상으로 하느냐
다. 정작 용맹을 발휘해야 할 대상은 타인이 아니라 자기 자신이

다. 따지고 보면 늘 패배하는 상대는 타인이 아니라 당신 스스로가 아니었던가. 자신을 넘어서지 못하는 사람이 어떻게 자신을 넘어선 사람에게 대적할 수 있겠는가. 무모하게 타인과 맞붙기 전에 먼저 너 자신과 싸워서 이기라는 것. 그것이 용맹의 대상에 대한 당랑거철의 교훈이다.

당랑거철 : 사마귀 당螳 | 사마귀 랑螂 | 막을 거拒 | 바퀴자국 철轍

> 사마귀가 수레를 막는다는 말로 상대가 되지 않는 사람이나 사물과 무모하게 대적한다는 뜻이다.
> 유래 : 《장자》〈천지편天地篇〉

누구에게 혹독하고 누구에게 관대할 것인가,
치망설존齒亡舌存

노자가 병석에 누운 늙은 스승 상종을 찾아뵙고 물었다.

"마지막으로 이 제자에게 남기실 가르침은 없으신지요?"

상종이 말했다.

"고향을 지날 때에는 반드시 수레에서 내리도록 해라. 알겠느냐?"

"고향을 잊지 말라는 말씀이십니까?"

상종이 다시 말했다.

"높은 나무 아래를 지날 때에는 반드시 종종걸음으로 지나가거라. 알겠느냐?"

"어른을 공경하라는 말씀이 아니십니까?"

상종은 갑자기 자신의 입을 벌려 혀와 이를 보여주었다. 그러자 노자가 말했다.

"혀는 아직 있지만 이는 모두 **빠지고** 없습니다."

상종이 마지막으로 물었다.

"왜 그런지 알겠느냐?"

"혀가 남아 있는 것은 그것이 부드럽기 때문이고, 이가 다 **빠지고** 없는 것은 그것이 강하기 때문입니다."

"세상의 모든 일이 이와 같다. 이제 더 이상 해줄 말이 없다."

치망설존은 '강해지기보다 부드러워지라'는 교훈을 말하고 있다. 당랑거철이 말하는 용맹함이나 강함과는 얼핏 정반대처럼 들린다. 하지만 이 역시 대상의 문제다. 당랑거철이 '스스로에게 용맹하라'는 메시지를 전한다면, 치망설존은 '타인에게는 부드러워지라'는 균형 잡힌 메시지를 담고 있다. 특히 '무모한 용맹'은 겉으로 드러나는 순간 반드시 그것을 경계하는 사람을 만들어낸다. 이는 싸움을 더 복잡하고 어렵게 만든다. 드러내지 않아도 될 것을 드러내서 일을 더 꼬이게 만들 필요는 없지 않을까.

타인에게는 혀처럼 부드럽게, 자신에게는 이빨처럼 단단하게. 대개 많은 사람들이 타인에게는 혹독하고 자신에게는 한없이 부드럽다. 그러한 점에서 '당랑거철과 치망설존'은 싸움의 자세뿐 아니라 삶의 자세가 되기도 할 것이다.

치망설존 : 이 치齒 | 망할 망亡 | 혀 설舌 | 있을 존存

단단한 이는 빠져도 부드러운 혀는 남는다는 뜻으로, 타인에게 부드럽게
처신하라는 삶의 자세를 말한다.

유래 : 《설원說苑》〈경신편敬愼篇〉

발發분憤망忘식食

새로운 결실을 위해 모든 것을 쏟아부어라

공자의 제자 중 자로라는 사람이 있었다. 원래 자로는 무뢰한에 가까운 인물이었는데 공자의 제자로 입문한 후부터는 헌신적으로 스승을 섬겼다. 성미는 거칠었으나 꾸밈없고 소박한 성품을 지닌 데다, 공자의 말을 실천으로 옮길 줄 아는 이였다. 공자 역시 그러한 그를 지극히 아꼈다.

그러던 어느 날 자로는 초나라 섭협 지역의 장관이었던 심제량을 만났다. 심제량은 평소 공자라는 이름은 익히 들었으나 어떤 인물인지는 잘 알지 못했다. 그런데 마침 공자의 제자라는 자로를 만났으니 공자라는 인물에 대해 묻기에 안성맞춤이다 싶었다. 심제량이 자로에게 물었다.

"너의 스승인 공자라는 분은 대체 어떤 사람인가?"

늘 공자를 가까이 섬기기는 했으나 자로는 느닷없는 질문에 당황할 수밖에 없었다. 어떤 말로 스승을 표현해야 할지 고민했으나 결국 대답을 못하고 말았다.

공자는 그 후 우연히 이 일을 알게 되었다. 공자는 자로를 불러 물었다.

"심제량이 내가 어떤 인물인지 물었다고?"

"네, 맞습니다. 하지만 그때는 제가 너무 당황해서 제대로 답하지 못했습니다."

"다음에 누가 묻거든 저희 스승은 학문을 하기 시작하면 끼니는 물론 근심과 걱정을 잊으며 늙음이 닥쳐오는데도 그것을 알지 못하는 사람이라 대답하거라."

서울사이버대학교 평생교육원 양병무 전前 원장은 2010년 '논어에서 배우는 지혜의 리더십'이라는 강연에서 '발분망식'이라는 고사성어를 통해 몰입의 중요성을 강조했다.

'몰입'이라는 말이 대중에게 퍼지기 시작한 것은 칙센트미하이 교수의 '플로우Flow'라는 용어를 통해서였다. 그는 플로우에 대해 "어떤 행위에 깊게 몰입해 시간의 흐름이나 공간, 더 나아가서는 자신에 대한 생각까지도 잊어버리게 되는 심리적 상태"라고 정의했다. 놀라운 것은 수천 년 전 공자의 말에 이미 몰입의 개념이 담겨 있다는 점이다. 공자는 스스로를 '끼니, 근심, 늙음을 잊어버리는 사람'이라 규정했다. 몰입은 무언가를 잊어버리는 것과 대단히 밀접하게 맞닿아 있다.

많은 이들이 무언가를 결심하고서도 정작 이루지는 못한다. 처음 세운 목표가 점점 흐릿해지는 것은 눈앞에 너무 많은 것들이 펼

쳐져 있기 때문이다. 이것을 하려 하니 저것이 마음에 걸리고, 저
것부터 하려니 이것이 계속 발목을 잡고 있는 형국이다. 그러한 상
황에서 각오를 굳게 다지는 법은 무언가에 몰입해 또 다른 무언가
를 잊어버리는 것이다.

　처음의 각오와 달리 마음이 혼란스럽고 나태해지면 당장 눈앞의
일에 몰입해보자. 제대로 된 '몰입'은 '망각이라는 쾌감'과 뛰어
난 '성과'를 안겨줄 것이다.

발분망식 : 일어날 발發 | 분낼 분憤 | 잊을 망忘 | 밥 식食

　　무언가를 할 때에는 끼니마저 잊고 힘쓴다는 말로, 목표를 잃어버리고 혼
　　란스러워하는 사람들에게 필요한 몰입의 자세로 해석된다.
　　유래 : 《논어論語》

과거에 대한 집착은 미래를 방해할 뿐이다,

파증불고破甑不顧

산동 거록 지역에 맹민이라는 자가 있었다. 그는 산동 출신이었는
데 태원이라는 곳에서 타향살이를 하고 있었다. 어느 날 그가 시루
를 등에 지고 걷고 있는데, 갑자기 시루가 땅에 떨어져 산산조각나
고 말았다. 하지만 그는 뒤도 돌아보지 않고 태연하게 계속해서 앞
으로 걸어가기만 했다. 마침 이 모습을 본 태원지방의 유지 곽태라
는 자가 그를 불러세웠다. 시루가 깨졌는데 신경도 쓰지 않는 맹민
의 행동이 사뭇 기이했기 때문이다.

"시루가 깨졌으면 한번 정도는 돌아보고 아쉬워하는 게 인지상정 아닌가. 자네는 어찌하여 뒤도 돌아보지 않고 계속해서 앞으로 걸어갔는가?"

맹민이 너무도 당연한 듯 대답했다.

"시루가 이미 깨져서 아무런 쓸모가 없어졌는데 그것을 되돌아본다고 무슨 소용이 있겠습니까?"

이 말에 놀란 곽태는 맹민에게 학문에 힘쓸 것을 권했고, 훗날 맹민은 높은 벼슬에 올라 천하에 이름을 알렸다.

몰입을 위한 또 하나의 조건은 바로 '포기'다. 얼마나 빠르게 포기하느냐에 따라 얼마나 빠르게 몰입할 수 있는지를 가늠할 수 있다. 맹민은 시루가 떨어진 순간, 이미 시루를 포기하고 다음 발걸음을 뗐다. 이미 완전히 끝난 일인데 길가에 서서 아쉬워해봤자 아무런 소용이 없다는 것을 너무도 잘 알고 있었기 때문이다. 아쉬워해봤자 시간만 허비할 뿐이다. 시루가 깨진 것을 알았으면, 곧바로 또 다른 전진을 향해 몰입하라.

파증불고 : 깨뜨릴 파破 | 시루 증甑 | 아니 불不 | 돌아볼 고顧

떨어져 깨진 시루는 돌아보지 않는다는 말로, 지나간 일에 미련을 두지 않음을 뜻한다.

유래 : 《후한서》〈곽태전郭泰傳〉

먼저 몰입의 대상을 확실히 하라, 다기망양多岐亡羊

양자라는 사람의 이웃집에서 양 한 마리가 우리를 뛰쳐나와 도망치는 사건이 일어났다. 양주인이 양자에게 찾아와 다급하게 도움을 청했다.

"지금 양을 잡으러 가야 하니 급히 하인 몇 명을 좀 빌려주십시오."

양자는 양 한 마리를 잡으려고 여러 명의 하인을 빌려달라는 것이 좀 의아하게 여겨졌다.

"잃어버린 양은 한 마리인데, 어찌 그리 많은 하인들을 빌려달라고 하는 것이요?"

"도망간 쪽에 갈림길이 많아서입니다."

잠시 후 양주인과 하인들이 피곤한 기색으로 돌아와 결국 양을 찾지 못했다고 말했다. 양자가 물었다.

"많은 사람들이 동시에 쫓아갔는데도?"

"갈림길을 가면 또 갈림길이 나오고, 그곳에 가면 또 갈림길이 나왔습니다. 결국 길이 여러 갈래여서 양을 잃어버린 것이지요."

원하는 것이 날개처럼 쫙 펼쳐져 있다고 해도 그 모든 것에 몰입하는 것은 불가능하다. 어차피 여러 명이 쫓아가도 양을 찾지 못할 것이었다면, 갈림길에서 우왕좌왕하지 말고 무조건 한길로 내달리는 것이 오히려 양을 찾을 확률을 더 높이는 방법 아니었을까? 몰입에는 조건이 있어야 한다. 불필요한 것들은 걷어내고 몰입의 타깃을 정할 필요가 있다는 말이다.

다기망양 : 많을 多 | 갈림길 岐 | 망할 亡 | 양 羊

달아난 양을 찾다가 여러 갈래 길에서 길을 잃었다는 뜻으로, 뚜렷한 삶의 목표를 정하는 것이 얼마나 중요한지 말하고 있다.

유래 : 《열자》 〈설부편〉

四字

疏通

중요한 프로젝트를
준비할 때

3장

교주고슬膠柱鼓瑟 각자위정各自爲政 일반지은一飯之恩 건곤일척乾坤一擲 양질호피羊質虎皮

이령지혼利令智昏 고주일척孤注一擲 만전지책萬全之策 상산사세常山蛇勢 양탕지비揚湯止沸

용관규천用管窺天 도광양회韜光養晦 이일대로以佚待勞 이정대화以靜待譁 우공이산愚公移山

십년한창十年寒窓 발묘조장拔苗助長 일야십기一夜十起 돈제일주豚蹄一酒

교膠
주柱
고鼓
슬瑟

모두가
소리를
내게 하라

조나라에는 조사趙奢라는 명장이 있었다. 그에게는 조괄이라는 아들이 있었는데, 그는 어릴 적부터 아버지에게 여러 가지 병서를 배우고 익혔다. 조괄은 영리하여 꽤 빨리 병법을 익혔지만, 문제는 지나치게 이론에만 의존한다는 것이었다. 오랫동안 아들을 보아온 아버지 조사는 아내에게 다음과 같은 유언을 남겼다.

"전쟁이란 온 백성의 생사가 달린 일이오. 조괄은 이론에는 뛰어나지만 결코 그것이 전부는 아니오. 나라의 존망이 달린 전쟁에서 조괄이 장수가 된다면 나라에 큰 위험을 미칠 수 있소. 그러니 절대 조괄이 큰 전쟁에 나서지 못하도록 해주시오."

훗날 조사의 유언을 알게 된 적국 진나라는 조나라를 침략하기 전에 첩자를 보내 헛소문을 퍼뜨렸다.

"진나라는 조나라의 염파장군은 늙고 지략이 모자란 탓에 두려

위하지 않지만, 혈기왕성한 조괄이 대장이 될까 봐 두려움에 떨고
있다.”

조나라의 왕은 이러한 소문을 접하자 조괄을 대장으로 임명하려
했다. 이때 참모인 인상여藺相如가 적극 반대하고 나섰다.

“왕께서 조괄을 대장으로 임명하려는 것은 마치 거문고의 기둥
을 아교로 붙여놓고 연주하는 것과 같습니다. 거문고의 기둥을 붙
여놓으면 한 가지 소리밖에 나지 않습니다. 조괄은 그의 아버지에
게서 병법을 배웠을 뿐, 상황에 따라 유연하게 대처할 줄 모릅니
다. 절대 조괄을 대장으로 임명해서는 안 됩니다.”

그러나 왕은 인상여의 말을 무시하고 결국 조괄을 총사령관에 앉
히고 말았다. 그 결과는 참담했다. 아버지 조사의 예상이 그대로
맞아떨어진 것이다. 조괄은 병법에만 의지해 작전을 펼치다 진나
라의 함정에 빠져 40만 대군 전부가 살상되는 역사상 최악의 패배
를 당하고야 말았다.

2009년 KT 이석채 회장은 KTF와의 통합을 앞두고 기자들에게
‘교주고슬’이라는 말로 경영에 대한 의지를 피력했다. 사실 기업
의 합병이란 상당히 까다로운 문제다. 조직이 통합되는 과정에서
위기의식을 느낀 기존 직원들이 새롭게 들어오는 직원들을 의도적
으로 묵살할 수도 있고, 그 반대가 될 수도 있다. 서로가 부대끼고
밀어내는 최악의 조직문화가 시작되는 셈이다. 더더욱 문제인 것
은 이때 리더들이 취하는 행동이다. 만일 이러한 상황에서 리더가
‘이것이 아니면 안 된다’고 명한다면, 구성원들은 그 원칙을 고수
하기 위해 서로에게 상처를 주는 행동마저 서슴지 않게 된다. 이석

채 회장이 걱정했던 부분도 바로 이런 것이었다. 그래서 그는 교주고슬에 이어 다음과 같이 조직통합의 구체적인 방침을 밝혔다.

"조직의 기본원칙이 있어도 현실에 맞게 운영하는 것이 중요하다", "임직원들의 마인드 변화가 필요하다. 세상의 변화에 따라 고정관념을 깨야 한다."

고정되고 획일화된 원칙을 고집하기보다 유연한 순발력으로 경영에 임하겠다는 뜻이리라.

이는 조직통합뿐 아니라 일반적인 프로젝트에서도 마찬가지다. 프로젝트는 특정 인물들이 이끌어 가는 것이 아니라 팀원 모두가 각자의 힘을 발휘해 조화롭게 목표를 향해 나아가는 과정이다. 여기에서 리더가 지나치게 자신의 신념과 고집을 천명하게 되면 조화로운 소리를 낼 수 없기에 조직으로서의 의미를 잃게 된다. 이는 조괄이 병법의 이론에만 집착하다 결국 최악의 패배를 맞은 것과 마찬가지다. 팀은 팀장을 위해 있는 것이 아니고, 프로젝트는 팀장의 의견을 관철시키기 위해 있는 것이 아니다. 모두의 이야기, 모두의 아이디어를 모아 조화롭게 나아가야만 프로젝트의 성공 가능성을 높일 수 있을 것이다.

교주고슬 : 아교 교膠 | 기둥 주柱 | 두드릴 고鼓 | 거문고 슬瑟

거문고의 기둥을 풀로 붙여놓고 거문고를 탄다는 뜻으로, 여기서는 획일화된 원칙으로 조직을 경영하는 리더에게 던지는 자율과 균형의 메시지로 해석했다.

유래 : 《사기》〈염파 인상여열전廉頗 藺相如列傳〉

대접받지 못하는 곳에 누가 머무르려 하겠는가,

각자위정各自爲政

정鄭나라와의 결전을 하루 앞둔 송나라의 대장 화원은 군사들에게 푸짐한 양고기 요리를 나누어줄 것을 명령했다. 지치고 힘든 전장에서 오랜만에 맛본 양고기는 군사들을 무척이나 기쁘게 했다. 하지만 화원의 마차를 몰던 양짐羊斟만은 양고기를 먹지 못했다. 이 광경을 보다 못한 어느 부하가 그 까닭을 묻자 화원은 대수롭지 않다는 듯 답했다.

"마부는 전쟁과 연관이 없지 않은가. 굳이 그에게까지 양고기를 줄 필요는 없네."

다음 날 정나라와의 전쟁이 시작되었다. 양짐이 모는 마차에 오른 화원은 마차를 적의 병력이 허술한 오른쪽으로 돌리라고 명령했다. 그런데 양짐이 명령과 반대로 정나라의 병력이 밀집한 왼쪽으로 마차를 모는 것이 아닌가. 화원이 화를 내며 얼른 마차를 돌리라고 명령하자 양짐은 이렇게 말했다.

"어제 양고기를 군사들에게 먹인 것은 장군의 판단이지만, 오늘의 이 일은 제 생각대로 하는 것입니다!"

결국 화원은 적국의 포로 신세가 되었고 송나라는 크게 패하고 말았다.

사람은 누구나 자기가 원하는 대로 자신의 이익을 좇아 행동할 수밖에 없다. 아무리 작은 역할이라 해도 모두에게 보상을 내려주지 않으면 결국 그들은 다른 곳, 혹은 반대편으로 가게 된다. 조직을 운영하는 데 전체의 조화나 모두의 이익을 고려하지 않으면, 결과가 나쁠 것은 뻔하지 않은가.

각자위정 : 각각 各各 | 스스로 自自 | 할 위爲 | 정사 정政

사람마다 멋대로 행동한다는 말로, 전체와의 조화나 타인과의 협력을 고려하지 않으면 결과가 좋지 않다는 뜻이다.
유래 : 《좌씨전左氏傳》

조그만 은혜도 그냥 넘어가지 마라, 일반지은一飯之恩

젊은 시절의 한신은 끼니를 제대로 챙겨먹지도 못할 만큼 매우 불우한 생활을 했다. 그는 한때 아는 시골 관리의 집에서 신세를 진 적이 있었는데, 그의 아내는 자기 식구만 챙겼지 한신에게는 밥을 주지 않았다. 시골을 떠난 한신은 성 밖에서 물고기를 잡으며 끼니를 이어갔지만, 허탕을 치는 날도 적지 않았다.

그러던 어느 날 그를 봐왔던 한 노파가 또 허탕을 친 한신을 불쌍히 여겨 밥을 주었다. 한신은 고마운 마음에 "반드시 이 은혜를 갚겠습니다."라고 말했다. 하지만 오히려 노파는 화를 냈다.

"대장부가 스스로 먹을 것을 구하지 못하니 그대가 가엾어서 밥을 주는 것이지, 어찌 내가 보답을 바라겠는가!"

이후 한신은 유방이 항우와의 싸움에서 승리해 한나라를 세우는 데 큰 공을 세웠고, 그 결과 초왕에 봉해졌다. 한신은 과거의 노파를 다시 찾아 음식을 대접하고 천금을 하사했다.

하나의 프로젝트가 끝났다는 것은 다음 프로젝트가 기다리고 있거나, 혹은 이미 시작되었음을 뜻한다. 이 단계에서 가장 중요한 것은 이전 프로젝트를 성공시킨 구성원들에 대한 보답이다. 물론 노파가 보답을 바라지 않고 한신에게 밥을 주었듯이, 팀원들도 프로젝트의 성공만을 염두에 두었을 것이다. 하지만 당연한 노고에 보답한다면 분명 팀원들은 다음 프로젝트에 더욱 열정적으로 임할 것이다. 그로 인해 차후 프로젝트에 대한 열정을 보장받는다면, 이보다 '남는 장사'가 어디 있겠는가.

일반지은 : 한 일一 | 밥 반飯 | 어조사 지之 | 은혜 은恩

> 밥 한 그릇의 은혜라는 뜻으로 작은 일에도 잊지 않고 보답하는 것을 뜻한다.
> 유래 : 《사기》〈회음후열전淮陰侯列傳〉

건乾
곤坤
일一
척擲

진정 승부를 겨룰 만한 경쟁력을 가졌는가?

기나긴 전쟁에 지친 초나라의 항우와 한나라의 유방. 결국 그들은 하남성에 위치한 홍구를 경계로 철군하자는 협약을 맺었다. 그런데 유방이 군대를 철수하려 하자 부하인 장량과 진평이 만류하고 나섰다.

"안 됩니다. 현재 저희 한나라가 천하의 절반을 거의 차지한 데다 주변 제후들도 모두 저희 쪽으로 귀의한 상황입니다. 반면 상대편인 초나라는 군사들이 몹시 지쳐 있는 데다 군량미까지 거의 떨어져가고 있습니다. 이는 곧 초나라를 망하게 하려는 하늘의 뜻입니다. 만일 지금 초나라를 완전히 멸하지 않는다면 훗날의 화를 자초하는 셈입니다. 되돌아가지 말고 반드시 이곳에서 마지막 승부를 벌여야 합니다!"

이 말을 들은 유방은 또다시 피 끓는 승부욕이 솟아올랐다. 지금

철군하여 후환을 남길 것인가, 아니면 여기서 죽을 힘을 다해 마지막 승부를 쟁취할 것인가? 결국 유방은 항우와 다시 한 번 혼신의 힘을 다한 혈투를 벌였고, 해하에서 항우의 군대를 상대로 승리를 거두었다. 싸움에서 패배한 항우는 왕비 우미인에게 자결을 권한 뒤 자신도 강에 몸을 던졌다. 길고 긴 싸움에 종지부를 찍는 순간이자, 한조가 탄생하는 역사적인 순간이었다.

훗날 당나라의 시인 한유는 유방과 항우가 국경으로 삼으려 했던 홍구라는 지역을 지나며 다음과 같은 시를 읊었다.

"용은 피로하고 호랑이도 지쳐 강을 사이로 언덕을 나누니, 억만 창생의 목숨이 보존되는구나. 누가 군왕에게 권하여 말 머리를 돌리게 했는가. 진정 천하를 건 한판의 도박을 했구나."

'건곤일척'은 GS그룹의 허창수 회장이 2010년 계열사 최고경영자 모임에서 강조했던 말이다. 그는 "건곤일척의 승부에서 승리하려면 진정한 의미의 근원적 경쟁력을 갖춰야 한다"고 힘주어 말했다. 천하를 건 도박 같은 한판의 싸움과 근원적 경쟁력은 어떠한 연관이 있는 것일까.

시인 한유의 말처럼 유방은 항우와의 마지막 결전에서 '천하를 건 한판의 도박'을 벌였다. 서로가 지쳐 쓰러질 때까지 마지막 남은 힘을 쥐어짰던 것이다. 우리가 여기서 중요하게 보아야 할 것은 둘의 승부를 결정지은 궁극적 원인이다. 과연 유방이 항우보다 의지가 더 강했기 때문에 이겼던 것일까? 항우의 의지가 약해서 패한 것일까?

물론 모든 전투에서 의지와 열정은 더없이 중요하지만, 현실적으로 그것만으로 승부를 결정짓기란 힘들다. 유방과 항우의 승패를 결정지은 비밀은 계속 싸울 것을 주장한 장량과 진평의 말에 이미 담겨 있다.

"초나라의 군사들은 이미 지쳐 있고, 군량미도 떨어져가고 있습니다."

군사들의 사기와 힘, 그것을 뒷받침하는 각종 지원은 전투력의 핵심이다. 의지가 아무리 강해도 체력과 군량미에서 밀리면 종국에는 꺾이게 되어 있다. 결국 항우는 그 '본질'에서 뒤졌기 때문에 유방과의 마지막 전투에서 승리할 수 없었다.

우리가 건곤일척에서 배워야 할 것은 '그래 어디 한번 해보자!'는 식의 도박정신이 아니라, 자신이 과연 '근원적'이라 부를 만한 경쟁력을 갖추었는지를 돌아보는 것이다. 마지막으로 모든 것을 걸어보자는 태도는 용감해 보일지는 몰라도, 자칫 어떠한 대비책도 없이 운에만 모든 것을 맡기는 것처럼 무책임해 보일 수 있다. 쉽게 얻기 힘든 기회나 중차대한 프로젝트를 앞둔 사람이라면, 섣불리 '운'을 바라기 전에 반드시 '근원적인 경쟁력'부터 점검해야 할 것이다.

건곤일척 : 하늘 건乾 | 땅 곤坤 | 한 일一 | 던질 척擲

성공과 실패를 걸고 담판을 짓는 마지막 승부로, 프로젝트를 앞둔 이들이라면 마지막으로 근원적 경쟁력을 점검해야 할 것이다.

유래 : 당나라 시인 한유韓愈의 〈과홍구過鴻溝〉

경쟁력을 갖추고 싶다면 '형식'을 버려라,

양질호피羊質虎皮

중국 한나라의 사상가 양웅揚雄이 지은 《법언法言》에 나오는 이야기다.

"어떤 이가 공자의 문하에 들어가 '그 안채에 올라 공자의 옷을 입고 공자의 책상에 엎드리면 공자라 할 수 있습니까?'라고 물었다. 그러자 '그 무늬는 그럴지 몰라도 바탕은 아니다'라고 대답했다. 또다시 그가 물었다. '그렇다면 바탕이란 무엇을 말하는지요?' 그러자 '양은 몸에 호랑이 가죽을 씌워놓아도 풀을 보면 좋아서 뜯어먹고, 승냥이를 만나면 두려워 떨면서 자신이 호랑이 가죽을 뒤집어 쓴 사실을 잊어버린다'고 대답하였다."

호랑이 가죽을 뒤집어쓴 양의 겉모습이 호랑이처럼 보일진 몰라도 호랑이의 본질까지는 갖출 수 없다는 이야기다. 자신의 근원적 경쟁력이 무엇인지 판단할 때 가장 혼돈스러운 부분은 '껍데기'다. 과대포장된 평가, 남들이 말하는 나의 모습, 자신이 지향하는 미래의 모습들이 뒤섞여 정작 '나의 근원적인 경쟁력은 무엇인가?'에 대한 대답을 망설인 적은 없는가? 더구나 포장된 주변의 평가는 스스로 경쟁력이 충분하다고 판단하게 함으로써 오히려 경쟁력을 약화시킨다. 자신과 조직의 근원적인 경쟁력을 파악하려면, 외부의 시선과 형식에서 먼저 벗어날 필요가 있다. 공자가 아닌 자는 공자의 자리에서 내려와야 하고 양은 호랑이 가죽을 벗어야 한다. 그래야만 어떻게 공자가 될 수 있는지, 또 어떻게 해야 양이면서 호랑이처럼 강해질 수 있는지에 대한 답을 찾을 수 있을 것이다.

양질호피 : 양 양羊 | 바탕 질質 | 범 호虎 | 가죽 피皮

> 호랑이 가죽을 뒤집어쓴 양이라는 뜻으로, 겉모습만 바뀌어서는 본질이 변
> 하지 않음을 의미한다.
> 유래 : 《법언》

명분 없는 이익을 탐하지 마라, 이령지혼利令智昏

중국 전국시대 말기에 살았던 조나라의 공자, 평원군平原君의 이야
기다. 훗날 사마천은 그를 혼탁한 세상을 살아가는 멋진 공자로 평
했지만, 그러한 그 또한 이익에 눈이 어두워 실수를 저지른 적이
있다.

진나라가 백기白起를 장수로 내세워 한나라를 침략했을 때의 일
이었다. 순식간에 고립된 상당 지역의 풍정이라는 지방관은 조나
라를 끌어들여 이를 해결하려 했다. 사신은 조나라를 찾아가 왕에
게 이렇게 말했다.

"만일 저희를 구해주신다면 상당 지역을 조나라에 바치도록 하
겠습니다."

조나라의 효성왕은 대신들을 불러 조언을 구했다. 평양군이 먼
저 말했다.

"명분이 없는 이익을 취했을 경우에는 나중에 화를 자초할 수 있
습니다. 받아서는 안 된다고 생각합니다."

그러자 평원군이 반론을 펼쳤다.

"이는 우리 조나라의 영토를 확장하기에 매우 좋은 기회입니다.

받지 않을 이유가 없습니다."

결국 조나라는 대군을 파견해 상당을 구하기는 했지만, 후에 진나라의 반격으로 대패하고 말았다.

이령지혼은 자신의 경쟁력과 이익의 관계에 대한 교훈을 시사한다. 자신의 경쟁력으로는 취하기 힘든 이익이 눈에 들어올 때, 대다수 사람들은 외부의 힘을 끌어들이려는 유혹을 받는다. 물론 일시적인 도움으로 이익을 얻을 수는 있겠지만, 나중에라도 그에 걸맞은 경쟁력을 갖추지 못하면 그 이익을 지켜낼 수 없다. 자신의 힘으로 상당을 지킬 수 없었던 풍정도 그랬고, 얕은 이익에 끌려 섣불리 출정했던 조나라도 그랬다. 눈앞에 아무리 탐스러운 이익이 있다 해도 자신의 경쟁력을 넘어서는 것이라면, 과감하게 포기할 줄도 알아야 한다.

이령지혼 : 이로울 리利 | 하여금 령令 | 지혜 지智 | 어두울 혼昏

　　이익은 지혜를 어둡게 만든다는 뜻으로, 이익에 눈이 어두우면 사리분별을
　　제대로 하지 못하게 됨을 뜻한다.
　　유래 : 《사기》〈평원군 · 우경열전平原君 · 虞卿列傳〉

감동으로 '반전'이라는 승부수를 노려라,

고주일척孤注一擲

요나라가 대대적으로 군사를 일으켜 송나라를 공격할 때였다. 송

나라도 모든 힘을 다해 싸우기는 했지만 들려오는 것은 우울한 패전소식뿐이었다. 결국 요나라군이 수도를 향해 진격해오고 있다는 소식이 들려오자 송나라 진종은 신하들을 불러놓고 긴급회의를 열었다. 모두들 불안한 기색을 감추지 못하고 있는데, 재상이었던 구준이 단도직입적으로 이야기를 꺼냈다.

"지금의 위기를 타개할 돌파구는 황제께서 직접 지휘에 나서는 길밖에 없습니다. 그렇게 하면 병사들의 사기가 충천해 반드시 승리할 수 있을 것입니다."

구준의 말을 받아들인 황제는 직접 무기를 챙겨 말 위에 올랐다. 이러한 왕의 모습을 본 병사들은 더없이 감동했고 사력을 다해서 싸운 끝에 전투에서 승리하고 평화협정을 맺어 오래토록 평화를 누렸다.

고주일척은 전력을 다해 어떤 일에 모험을 거는 것을 비유하는 말로, 조직이 어떻게 건곤일척의 승부수를 띄울 자신감을 갖출 수 있는지 제시하고 있다. 그것은 바로 사람들에게 감동을 선사하는 드라마틱한 플롯이다. 처음에는 무시당했던 사람이 끝내 성공을 거두고, 도저히 이루어질 수 없을 것 같던 사랑이 결실을 맺는 '반전'의 묘미가 필요하다는 것이다. 소소하고 하찮은 일 정도는 부하에게 맡겨도 될 리더가 가장 앞서서 헌신적으로 일하는 것. 그것이 바로 송나라가 병사들을 감동시켜 전쟁을 승리로 이끈 시나리오였을 것이다. 당신이 리더라면 제일 먼저 앞장서고 가장 먼저 일하고, 가장 많이 헌신해야 한다. 그렇게 하면 구성원들은 특별히 말하지 않아도 당신과 함께 움직일 것이다.

고주일척 : 외로울 고孤 | 물댈 주注 | 한 일一 | 던질 척擲

모든 것을 다 걸어 승부를 겨뤄야 한다는 뜻으로, 아무리 어려운 상황에서 도 '승부의 반전'을 노릴 수 있는 태도를 상징한다.

유래 : 《송사宋史》

만萬
전全
지之
책策

먼저
일의 판세를
읽고
대비하라

《삼국지三國志》에 등장하는 관도대전官渡戰鬪은 후한 말기의 양대 세력으로 불린 조조와 원소의 일대 격전이었다. 조조의 군대는 3만, 원소의 군대는 10만 명으로 수적으로 상당한 차이를 보였지만, 조조군의 기세가 워낙 강했기에 원소도 조조의 군대를 만만하게만은 볼 수 없었다.

초반전의 승기는 조조의 것이었다. 조조군은 원소가 자랑하는 명장이었던 안량과 안추를 죽여 원소군의 예봉을 완전히 꺾어놓았다. 하지만 그렇다고 조조군이 일방적으로 우세한 전투도 아니었다. 수적 열세에 밀린 조조는 허창으로 후퇴할 계책까지 세우고 있었다. 결국 전투는 소강상태에 접어들었고, 원소는 더 이상 시간을 끌기 힘들다는 판단에 유표에게 도움을 청했다.

당시 유표는 형주라는 지역에서 대군을 거느리고 있었는데, 그의 단점은 성격이 우유부단하다는 점이었다. 그는 원소의 이야기를 듣고 돕겠다고는 했지만, 선뜻 나서지 않고 사태를 관망만 하고 있었다. 이러한 상황을 참지 못해 부하인 한숭과 유선이 유표를 설득하기 시작했다.

"차라리 원소를 돕지 말고 조조를 도와야 합니다. 만일 지금 조조를 돕지 않으면, 조조는 원소군을 격파한 뒤 반드시 우리를 노릴 것입니다. 비록 조조군의 숫자가 적다고는 하나 원소군이 강하다고 볼 수도 없습니다. 따라서 지금 아무것도 하지 않는다면 나중에 양쪽에게 원한을 살 수밖에 없습니다. 조조를 돕게 되면 은혜를 잊지 않을 것이므로 이것이 바로 만전지책이라 생각됩니다."

하지만 이 같은 조언에도 불구하고 유표는 계속 망설이며 아무런 결정도 내리지 못했다. 결국 조조는 원소를 격파하고 말머리를 유표에게 돌려 형주를 장악하고 말았다.

이철휘 전前 자산관리공사 사장은 2009년에 '만전지책萬全之策'을 경영의 화두로 잡았다. 자산관리공사의 업무내용을 보면 '만전지책'의 의미를 보다 구체적으로 알 수 있다. 자산관리공사는 금융기관의 부실채권 인수, 기업구조조정, 신용회복 지원, 국유재산 관리 및 체납조세 정리를 담당하는 준정부기관이다. 신제품을 만들어 시장을 개척하고 앞서나가는 '리딩컴퍼니'라기보다는 문제가 생겼을 때 이를 정리하거나 회복하고 가치를 재창조하는 것이 주요 업무다. 어찌 보면 이미 드러난 위험을 가장 보수적이고 안정적인 방법으로 복원하는 것이 본연의 임무에 가깝다. 특히 이 사장이 '만전지책'을 이야기한 2009년은 글로벌 금융위기가 전 세계를 덮

쳤던 해였기에 자산공사 역시 '비상경영체제'에 돌입해 있었다. 따라서 이철휘 사장에게 기업의 파산과 위기에 대한 대책을 세워야 한다는 것은 절체절명의 과제였을 것이다.

이러한 면에서 만전지책은 최후의 순간에도 모든 것에 철저히 대비하는 사전 시나리오와 같다. 어떤 프로젝트이건 일단 경쟁에 돌입한 후에는 '만전지책'의 자세로 임해야 한다. 이때 만전지책은 '실수 없는 계획을 세운다'는 의미를 뛰어넘는다. 사실 현실적으로 '만 가지 경우에 대비해' 계획을 세우는 것은 거의 불가능한 일이다. 만일 한숭과 유선이 진정한 의미의 '만전지책'을 세우려 했다면, 조조가 이길 경우와 원소가 이길 경우에 대한 대책을 모두 세웠어야 했다. 하지만 한숭과 유선은 이미 판세를 읽었기에 '조조군을 도와야 한다'고 말했다. 따라서 진정한 의미의 만전지책은 '판세를 읽고 가장 안정적이고 보수적인 대책을 세우는 능력'이라 할 것이다.

어떤 일에서건 마찬가지다. 중요한 것은 흐름을 읽는 것이다. 그래야만 가장 취약한 부분에 대비한 안전망을 만들 수 있을 테니 말이다.

만전지책 : 일만 만萬 | 온전할 전全 | 어조사 지之 | 꾀 책策

> 만전을 기하는 계책이란 말로, 조금도 허술함이 없는 완전한 계책을 말한다.
>
> 유래 : 《후한서後漢書》〈유표전劉表傳〉

모두 '하나'가 되어 문제를 해결하라, 상산사세常山蛇勢

손자는 《손자병법》〈구지편〉에서 적에게 조직적이고 긴밀하게 대응하는 병법을 다음과 같이 설명하고 있다.

"병사를 쓰는 데는 아홉 가지 방법이 있다. 그중 가장 마지막 방법을 사지死地라 한다. 이는 주저하지 않고 일어나 싸우면 반드시 살 길이 있지만, 기가 꺾여서 우왕좌왕하거나 우물쭈물하면 패배하고 만다는 뜻이다. 반면 진퇴양난의 필사적인 상황에서는 병사들이 한마음, 한뜻으로 싸울 수 있다. 이때 지혜롭고 유능한 장군의 용병술은 상산에 사는 머리가 2개인 솔연率然이라는 뱀의 행동과 같다. 솔연은 머리를 치면 꼬리가 덤비고, 꼬리를 치면 머리가 덤비고, 몸통을 치면 머리와 꼬리가 한꺼번에 덤벼드는 뱀이다."

솔연이라는 뱀은 입체적으로 위험에 대처하는 능력을 갖추고 있다. 단편적인 대응이 아니라 머리와 꼬리, 그리고 몸통이 하나가 되어 위험요소에 대응하는 것이다. 이는 위험에 대한 조직적인 대응을 잘 보여준다.

'만전지책'을 설계할 때도 이처럼 조직적인 차원의 대책이 절실하다. 영업팀에 문제가 생기면 생산팀에서 보완하고, 마케팅에 문제가 생기면 홍보팀이 함께 대응하는 방식이다. 반대로 생산팀에 문제가 생기면 영업팀에서 대외적인 조율을 맡고, 마케팅에서 새로운 아이디어로 시간을 끌어줄 수도 있다. 사전에 미리 '상산의 솔연' 같은 입체감 있는 위기대응 플랜을 짜놓으면 조직의 대처능력은 급격하게 좋아질 것이다.

상산사세 : 항상 常 | 뫼 산山 | 뱀 사蛇 | 기세 세勢

상산의 뱀 같은 기세라는 뜻으로, 위기를 맞아 조직적이고 긴밀하게 대처
하는 자세를 말한다.

유래 : 《손자병법》〈구지편〉

'근본적인' 해결책부터 찾아라, 양탕지비揚湯止沸

중국 진나라의 사론서史論書 중 하나인 《여씨춘추》는 당시의 질병
치료에 대해 다음과 같이 밝히고 있다.

"요즘 세상은 점술과 복을 비는 일을 숭상하므로 질병이 더욱 심
하다. 화살을 쏘는 일에 비유한다면, 화살을 과녁에 명중시키지 못
했다고 과녁을 수리하는 것과 똑같다. 과녁을 수리하는 것이 화살
을 명중시키는 데 무슨 도움이 되겠는가. 물이 더 이상 끓지 않게
하려면 여기에 끓는 물을 들이부어봤자 아무런 소용이 없다. 물이
끓지 않게 하려면 그 불을 꺼야 할 것이다."

이는 '만전'에 대한 인식을 더욱 깊게 해준다. 겉으로 보이는 것
만 대비해서는 만전지책이 될 수 없다. 가령 생산계획에 차질이 생
긴다면 담당자를 바꿀 수는 있다. 하지만 그래도 비슷한 문제가 계
속되면, 더 이상 사람을 바꿔서는 해답이 없다고 봐야 한다. 끓는
물에 끓는 물을 부어봐야 물이 결코 식지 않는 것과 마찬가지다. 그
렇다면 문제는 사람이 아닌 다른 곳에서 찾아야 한다.

같은 실수가 반복되는 조직이 너무도 많고, 같은 실수를 반복해

실패하는 프로젝트가 너무나 많다는 점에서 양탕지비는 문제가 생겼을 때 무엇부터 파악하고 고쳐나가야 하는지를 말하고 있다.

양탕지비 : 오를 양揚 | 끓일 탕湯 | 그칠 지止 | 끓을 비沸

> 끓는 물을 퍼냈다 다시 부어서 끓는 것을 막으려 한다는 뜻으로, 일시적으로 어려움에서 벗어날 수는 있으나 근본적인 해결책은 되지 못함을 비유하는 말이다.
> 유래 : 《여씨춘추》

마지막 판단의 순간, 전체를 파악했는지 체크하라,
용관규천用管窺天

춘추시대 말기 편작이라는 뛰어난 명의가 있었다. 그는 괵나라를 방문했다 마침 방금 태자가 죽었다는 이야기를 듣고는 궁궐의 어의를 찾아가 태자에 대해 물었다. 어의의 설명을 다 들은 후 편작이 입을 열었다.

"내가 태자를 소생시키겠소!"

하지만 어의는 황당할 뿐이었다.

"어찌 그리 무책임한 말을 할 수 있습니까. 갓난아기라도 그런 말은 곧이곧대로 듣지 않을 것입니다."

편작이 다시 어의에게 화를 내며 말했다.

"당신의 의술은 대롱을 가지고 하늘을 보는 것처럼 전체를 간파하지 못하고 있습니다. 나는 환자를 보지 않고 환자의 상태에 대해 듣기만 해도 병을 진단할 수 있습니다. 내 말이 믿기지 않으면 다시 한 번 태자를 살펴보십시오. 양쪽 허벅다리를 쓰다듬다가 음부에 닿으면 그곳이 아직 따뜻할 것입니다."

이에 어의가 다시 태자를 진단하니 과연 편작의 말 그대로였다. 이어 편작이 침을 놓고 20여 일 동안 치료하자 드디어 태자는 살아날 수 있었다.

어의의 실수는 전체를 간파하지 못했기 때문이다. 최종적인 판단은 사안을 다각도에서 분석해서 내야 한다. 빠뜨린 부분은 없었는지, 그간 간과했던 영역에 대해 일일이 체크를 해보아야 할 것이다. 실수라는 것은 늘 무언가를 빠뜨렸을 때 발생한다. 전후좌우, 과거와 미래, 사건의 정황과 사람들의 말을 모두 종합했을 때에야 합리적인 판단을 할 수 있을 것이다.

용관규천 : 쓸 용用 | 대롱 관管 | 엿볼 규窺 | 하늘 천天

> 대나무 구멍으로 하늘을 엿본다는 말로, 좁은 식견으로는 광대한 사물의 모습을 파악할 수 없음을 뜻한다. 여기서는 전체를 파악해야 제대로 된 선택을 할 수 있다는 의미로 해석하고 있다.
> 유래 : 《사기》〈편작 창공열전扁鵲 倉公列傳〉

힘을
드러내지 말고
때를
기다려라

도韜
광光
양養
회晦

유비도 한때는 조조의 휘하에서 식객으로 신세를 지던 때가 있었다. 아직 본격적인 세력을 규합하지 못했던 시기였다. 하지만 유비의 가능성을 본 조조는 자신의 수레와 똑같은 수레를 유비에게 하사하는 등, 정성껏 예의를 다해 대접했다. 그러던 어느 날 한가로이 밭농사를 짓던 유비에게 조조가 술자리를 청해왔다. 이런저런 한담을 나누던 중, 조조가 갑자기 유비에게 질문을 던졌다.

"천하 제일의 영웅이 누구라고 생각하십니까?"

유비는 당대의 이름난 영웅들과 그들의 장점을 말하기 시작했다. 그런데 조조가 갑자기 말을 잘랐다.

"천하의 영웅은 그대와 나, 단 둘뿐입니다!"

유비는 이 말을 듣자마자 깜짝 놀라 숟가락을 떨어뜨렸고, 때마침 천둥과 번개가 치자 더더욱 두려워하기 시작했다. 조조는 유비의 행동을 본 후에 그릇이 작아 도저히 천하의 영웅이 될 자질이 없다는 확신을 내렸다. 하지만 이는 조조가 경계심을 풀도록 일부러 몸을 낮춘 유비의 계책이었다.

중국의 2세대 지도자인 덩샤오핑登小平은 개방정책을 내세운 1978년 말부터 약 30년간 '도광양회'를 경제·외교정책으로 구사해왔다. 중국이 세계 각국의 경계대상으로 떠오르는 것을 염두에 두고 '잠자는 사자'로 남아 있기를 자처한 것이다.

무언가를 준비할 때 자신의 실력을 감추는 데는 이유가 있다.

첫 번째는 본격적으로 나섰을 때 상대에게 미칠 충격을 배가하기 위해서다. 사람들은 누구나 자신이 예상한 것에 대해서는 그리 놀라지 않는다. '그럴 줄 알았어!'라는 반응이 일반적이다. 그런데 전혀 예상치 못한 상황이 펼쳐지면 일단 심리적으로 위축된다. 그리고 이것이 전력에 어느 정도 보탬이 되는 것도 사실이다.

두 번째 이유는 그것이 '자기만의 필살기'를 만드는 비결이기 때문이다. 본인의 강점이 충분히 무르익어 독특한 전략으로 자리 잡을 때까지 외부의 견제와 공격으로부터 자신을 보호하는 것이다.

실력을 키우려면 어두운 곳을 찾아야 한다. 보이지 않는 곳에서 소리 없이 차분하게 실력을 갈고닦게 되면, 분명 타인보다 훨씬 뛰어난 전략을 세상에 내놓을 수 있을 것이다.

도광양회 : 감출 도韜 | 빛 광光 | 기를 양養 | 그믐 회晦

재능이나 명성을 드러내지 않고 참고 기다린다.
유래 : 《삼국지》

편안하게 조직을 가다듬으며 기다려라,

이일대로以佚待勞

다음은 《손자병법》의 〈군쟁편軍爭篇〉에 언급되는 것으로, 36계 중 4계에 해당되는 내용이다.

"가까운 곳에서 먼 길을 오는 적을 기다리고, 편안한 자세로 적이 피로해지기를 기다리며, 배불리 먹고 나서 적이 배고프기를 기다리니, 이것이 힘을 다스리는 방법이다."

도광양회가 실력을 어떻게 기르고 어떤 방식으로 출정하는가에 관한 이야기라면, 이일대로는 장기적인 공격에 사용하는 전략이다. 이는 '힘을 다스리는 법'을 아는 데서부터 시작된다. 약한 자가 강한 자를 이길 수 없는 것은 만고의 진리. 자신은 최대한 편하고, 상대는 최대한 약하게 만드는 구도를 미리 준비해야 할 것이다.

이를 현대 비즈니스에 적용하면 조직의 시스템을 최적화하겠다는 의미와 같다. 빠른 의사결정과 리스크에 대한 대비, 활용 가능한 인력을 최대한 확보하는 것이 대표적인 예다. 조직을 빈틈없이 정비하는 동안 경쟁조직은 상대적으로 열악해질 테고 경쟁력을 잃을 것이다. 상대의 균열을 노리며 소리 없이 조직을 정비하는 방법, 이것이 바로 이일대로의 전략이다.

이일대로 : 써 이以 | 편안할 일佚 | 기다릴 대待 | 힘쓸 로勞

> '편안함으로 피로해지기를 기다린다' 라는 뜻으로, 편안하게 휴식을 취하며 전력을 비축하여 적을 상대하는 전략을 말한다.
> 유래 : 《손자병법》 〈군쟁편〉

소리 없이 조직을 가다듬으며 기다려라,

이정대화以靜待譁

이번에는 〈군쟁편〉에 나오는 심리전과 관련된 내용이다.

"먼저 아군의 태세를 잘 정비하여 적이 혼란스러워지기를 기다리고, 아군의 태세를 침착하게 가다듬어 적이 시끄러워지기를 기다리니, 이것이 심리를 다스리는 방법이다."

이일대로와 더불어 조직을 정비하는 방법 중 하나가 바로 이정대화다. 이일대로가 조직의 체력에 대한 내용이라면 이정대화는 조직의 심리상태에 관한 것이다. 조직의 유대관계와 친화력, 안정감 등을 견고히 하면 상대 조직의 불안과 불화를 이용할 수 있다. 유대관계와 친화력이 깊어지면 구성원들은 자연스럽게 뭉치게 되고, 이는 일의 효율을 더욱 높이는 방향으로 흘러간다. 이런 상태에서 상대가 혼란스럽고 시끄러워진다면 상대적인 우위를 점할 수 있다. 이일대로와 이정대화가 결합된다면 어떤 상황에서도 유리한 결과를 이끌어내는 조직으로 거듭날 것이다.

이정대화 : 써 이以 | **고요할 정**靜 | **기다릴 대**待 | **시끄러울 화**譁

고요함으로써 시끄러워지기를 기다린다는 뜻으로, 아군의 태세를 침착하게 가다듬고 나서 들뜨고 조급해진 적을 상대하는 전략을 말한다.
유래 : 《손자병법》 〈군쟁편〉

묵묵히 하면
못할 일은
없는 법이다

우공이산
愚公移山

북산에 우공이라는 사람이 살고 있었다. 그런데 우공에게는 늘 마음에 걸리는 것이 있었다. 자신의 집 근처를 둘레가 700리나 되는 태항산과 왕옥산이 에워싸고 있다는 사실이었다. 항상 먼 길을 돌아와야 했기에 불만이 적지 않았던 그는 어느 날 가족회의를 열었다.

"2개의 험한 산을 평평히 하면 더 이상 먼 길을 돌아다닐 필요가 없다. 우리가 산을 깎는 것이 어떻겠느냐?"

세 아들들은 모두 아버지의 말에 동의했지만 아내는 어이가 없었다. 그도 그럴 것이 우공의 나이가 이미 90세에 가까웠기 때문이었다.

"당신의 힘으로는 조그만 언덕도 못 옮길 텐데 저 큰 산을 옮기겠다고요? 게다가 산에서 나온 흙과 돌은 전부 어디에 두시려고요?"

우공은 자신 있게 대답했다.

"그거야 발해 끝, 저 북쪽에 버리면 되지 않겠소."

그러나 발해는 한 번 왕복하는 데만 무려 1년이라는 시간이 걸리는 곳이었다. 아내는 우공의 허무맹랑한 대답에 기가 차서 말조차 나오지 않았다. 하지만 다음 날부터 우공과 세 아들은 아무렇지도 않은 듯 일을 시작했다. 돌을 두드려 깨고 흙을 파서 삼태기에 담아다 발해 쪽으로 나르는 일이었다. 심지어 이웃에 사는 과부의 어린아이까지 불러다 일을 돕게 했다.

보다 못한 우공의 친구 지수는 그를 타박했다.

"거참, 아직도 그렇게 어리석은가. 자네의 나이를 생각해보게. 산의 터럭 하나도 무너뜨릴 수 없을 것일세."

우공은 오히려 답답하다는 듯 말했다.

"자네는 과부의 어린 자식만도 못하네. 비록 나는 죽더라도 자식은 남아 있을 것이고, 내 자식은 또 손자를 낳을 것이고 그 손자는 또다시 자식을 낳지 않겠는가. 자자손손 대를 잇다 보면 언젠가는 산이 옮겨질 것이고, 산은 한번 깎이면 더 이상 생겨날 일이 없으니 결국에는 평평해지고 지름길도 나게 될 것일세."

지수는 친구의 자신 있는 답변에 할 말을 잃어버렸다.

산신령이 우공의 이야기를 엿듣고는 옥황상제에게 아뢰었다.

"산을 허무는 인간들의 어리석은 노력이 계속될까 두렵습니다. 우공이 하는 일을 당장 그만두도록 해주십시오."

그러나 이 말을 들은 옥황상제는 오히려 우공의 정성에 감동해 가장 힘이 센 두 사람을 시켜 두 산을 번쩍 들어 옮기게 했다.

포스코 정준양 회장은 '우공이산'을 자신의 삶과 경영의 철학으로 삼고 있다. 그는 실제 우공이산이라는 글자가 적힌 액자를 소중하게 간직해왔을 뿐 아니라, 그간 임직원들에게도 "끊임없이 노력하면 불가능한 목표라도 성취할 수 있습니다. 우공이 태산을 옮기는 마음자세로 하루하루 열심히 살아가시기 바랍니다"라는 메시지를 전하기도 했다.

그는 또한 2009년 전임 회장과는 차별화된 해외시장 진출방식을 추진하는 과정에서 우공이산을 언급하기도 했다. 정 회장은 "인도는 예전에도 그랬고, 앞으로도 계속 우공이산의 정신으로 추진할 것이다. 베트남도 현재 새로운 부지를 물색하는 중이다"라고 말했다. 해외진출을 위해 그가 우공이산을 언급한 것을 이해하는 데는 약간의 배경지식이 필요하다. 사실 포스코는 꾸준히 인도와 베트남에 제철소를 지으려고 노력해왔다. 하지만 지역 주민의 반발과 인허가 문제가 겹쳐 당시까지만 해도 난항을 겪고 있었다. 설상가상으로 경쟁사는 합병을 통해 몸집을 키우면서 한발 앞서 달아난 상황이었다. 포스코로서는 넘기 힘든 '우공의 산'이 하나 더 생긴 셈이었다. 정 회장에게 우공이산은 이래저래 화두가 될 수밖에 없었을 것이다.

우공이산은 열심히 노력하면 된다는 의미 외에 불가능을 아예 '배제하는' 태도로도 해석할 수 있다. 북산의 우공은 산은 한번 깎이면 더 이상 생길 일이 없으니 결국에는 평평해지고 지름길은 나게 된다며 낙관적인 미래를 확신했다. 하면 된다는 자세보다 될 때까지 한다는 마음가짐이 더 강한 확신을 주는 것은 사실이다. 선택의 기로에 섰다는 것은 이미 스스로가 가능성에 대한 의구심을 품은 것과 마찬가지 아니겠는가. 당신의 마음속에서 '불가능'이라는 단어를 완전히 지워버려라. 마치 그것을 전혀 모르고 있었다는 듯 행동에 옮겨보라. 이제 남는 것은 우공의 확신, 승리라는 결과일 것이다.

우공이산 : 어리석을 우愚 | 귀인 공公 | 옮길 이移 | 뫼 산山

우공이 산을 옮긴다는 말로, 한 가지 일을 꾸준히 하면 원하는 바를 이룰 수 있다는 뜻이다.

유래 : 《열자》〈탕문편湯問篇〉

외로움을 견디고 정진하다, 십년한창十年寒窓

금나라가 멸망할 무렵, 유기라는 자가 고향에 돌아가 지은 책 중에 《귀잠지歸潛志》라는 작품이 있다. 다음은 그 책에 나오는 구절 중 하나다.

"옛말에 10년 동안 창문 아래서 찾는 이가 없어도, 한번 이름을 날리면 온 세상이 다 알게 된다."

우공이 실제로 산을 옮겼다면 가장 힘든 것은 무엇이었을까. 물론 육체적인 고단함도 있었겠지만 바로 처절한 '외로움'이 아니었을까. 목표를 이루기 위해 극복해야 할 가장 큰 장애물 중 하나가 '외로움'이라 해도 과언은 아닐 터. 하루이틀도 아니고 10년 동안 찾아오는 이가 없었으니 얼마나 외로웠을 것인가. 그러나 그 정도로 기나긴 외로움과 쓸쓸함을 이겨내고 몰입할 수 있다면, 단언컨대 누구든 세상에 이름을 날릴 수 있을 것이다. 가장 큰 적은 '나 자신'이다. 무언가 목표를 세웠다면 '10년은 외로워도 괜찮다'는 각오로 임해야 하지 않을까.

십년한창 : 열 십十 | 해 년年 | 찰 한寒 | 창 창窓

10년 동안 찾는 이가 없어 창문이 쓸쓸하다는 말로, 다른 일에 한눈팔지 않고 자신의 목표에만 묵묵히 몰두하여 성공하는 것을 의미한다.
유래 : 《귀잠지》

급히 먹는 밥이 체하는 법이다, 발묘조장拔苗助長

송나라 시절 한 어리석은 농부가 있었다. 그는 모내기를 끝내놓고 다소 편안한 마음으로 지내다 며칠이 지나자 모가 어느 정도 자랐는지 궁금해지기 시작했다. 그는 다음 날 아침 서둘러 논에 가보았다. 직접 확인해보니 자신의 벼만 다른 사람이 심은 것보다 조금 덜 자란 듯 보였다. 그래서 벼를 조금 잡아당겼더니, 금세 벼의 키가 다른 벼와 비슷해진 것 같았다. 이를 본 농부의 얼굴에 환한 미소가 번졌다. 그는 다음 날에도 논에 가서 벼를 잡아당겼다. 그러고는 저녁에 돌아와 가족들에게 이렇게 말했다.

"오늘은 무척이나 피곤하구려. 하루종일 벼를 빼느라 힘이 하나도 없어!"

기겁을 한 식구들이 다음 날 논에 나가보니 이미 벼는 하얗게 말라죽어 있었다.

급한 마음에 일을 서두르기 시작하면 일이 잘 진행되는 것처럼 생각하기 쉽다. 얼마나 빨리 진척되고 있는지에만 정신이 팔려 있다 보니, 얼마나 잘되고 있는지에 대해서는 신경 쓰지 못하는 것이다. 우공이산과 십년한창의 정신은 일을 완성하기 위한 '인내'와 같다. 아무리 사정이 급하고 마음이 바쁘더라도 벼를 손으로 잡아 뽑는 어리석은 행동을 저질러서는 안 될 것이다.

발묘조장 : 뺄 발拔 ㅣ 싹 묘苗 ㅣ 도울 조助 ㅣ 길 장長

급하게 서두르다 오히려 일을 그르친다는 뜻으로, 서둘러 일을 끝내려다 망칠 수도 있음을 경고하는 말이다.
유래 : 《맹자》〈공손추公孫丑〉

'극진함'으로
완성하라

일一
야夜
십十
기起

회계라는 지방의 태수 제오륜第五倫은 청렴하고 강직하기로 이름이 높았다. 손수 풀을 썰어 말을 먹였고, 그의 아내 역시 집안일을 도맡아 돌보았다. 충분히 하인들을 쓸 수 있음에도 그것을 사치로 여겨 늘 검소한 생활을 유지했던 것이다. 하루는 어떤 이가 제오륜에게 이렇게 물었다.

"당신 같은 분에게도 사심私心이 있습니까?"

그러자 제오륜은 고개를 끄덕이며 이렇게 말했다.

"어떤 친구가 제게 관직을 부탁하며 천리마 한 필을 보낸 적이 있습니다. 물론 저는 그 천리마를 받지 않았고 지금까지 어떤 관직에도 그 친구를 천거한 적은 없습니다. 하지만 그 뒤로 누군가를 추천할 일이 있을 때마다 그 친구가 늘 생각납니다. 제 조카가 아팠을 때는 하룻밤에 열 번을 일어나서라도 그 아이를 보살폈고, 그렇게 한 다음에야 푹 잘 수 있었습니다. 아들이 병이 들었을 때에는 비록 가서 살펴보지는 않았지만 도저히 잠을 이룰 수가 없었지요. 그러니 어찌 사심이 없다고 할 수 있겠습니까?"

윤용로 전前 기업은행장은 2009년 '세계 금융위기와 한국금융의 과제'라는 세미나에서 '일야십기'를 언급하며 중소기업 지원에 대한 포부를 밝혔다.

"올해 돌아오는 중소기업의 대출 만기를 자동적으로 1년 더 연장할 계획이다. 그리고 올해도 약 40조 원의 대출을 늘려갈 것이다. (중략) 중소기업이 금융위기로 어려움을 겪는 이때 기업은행은 밤에 열 번이라도 일어나 이마를 짚어보는 심정으로 일하겠노라고 다짐하고 있다. 올해는 무엇보다 중소기업이 중요하다. 자금이 필요하면 자금을, 사람이 필요하면 잡월드를 만들고, 특정 분야의 기술이 부족하다고 느끼는 부분은 일본과의 교류를 통해 해결하려 한다."

흔히 '중소기업'이라고 하면 '작은 기업'이라고 생각하기 쉬운데, 전체 경제단위에서 중소기업의 비중은 결코 작지 않다. 중소기업은 우리나라 전체 기업의 99%를 차지할 뿐 아니라, 우리의 경제는 중소기업 없이는 대기업도 존재하기 힘든 구조다. 중소기업의 지원과 육성이 한국의 경제성장과 밀접히 연관되어 있는 셈. 그러한 점에서 윤 행장이 말한 일야십기의 정신은 중소기업을 돌보겠다는 정신도 포함되지만, 궁극적으로는 이를 통해 한국경제 전체를 돌보겠다는 보다 큰 의지의 표출이라 볼 수 있다.

이는 한편 '작은 목표와 큰 목표'에 대한 교훈을 시사한다. 많은 사람들이 '큰 목표'를 세워놓고, 목표를 단계적으로 나눈 작은 목표는 간과하는 경우가 많다. 제오륜의 일야십기는 작은 것에 대한 남다른 애정과 극진한 정성을 이야기한다.

정성을 들인다는 것은 아주 사소한 것까지 신경 씀으로써 더욱 탄탄한 결과물을 내놓겠다는 뜻과 같다. 가령 성은 누구나 쌓을 수 있지만, 성을 어떻게 쌓는지는 정성에 따라 크게 달라진다.

이러한 정성에 반드시 필요한 것이 바로 '사심'이다. 사실 사심에는 두 가지가 있다. 큰일을 그르치는 비도덕적인 사심이 있는가 하면, 간절한 마음을 담아 일을 추진하는 긍정적인 사심이 있다. 제오륜에게 질문을 던진 이는 나쁜 사심에 대해 물었지만, 정작 제오륜은 '좋은 사심'으로 바꾸어 말했다.

조직의 수장은 구성원들에게 긍정적인 사심을 원하고, 구성원은 자신의 일에 그러한 사심으로 임해야 한다. 정성과 간절함이 배제된 기계적인 일처리는 형식적인 결과를 낳을 뿐이다. 하나의 목표가 정해지면 자신의 사적인 마음까지 다 쏟아붓는 자세, 그리고 그것을 위해 수없이 수정하고 변경하는 애절한 사심만이 목표를 완벽하게 성취하는 비결이 될 수 있다.

일야십기 : 한 일— | 밤 야夜 | 열 십十 | 일어날 기起

하룻밤에 열 번이나 일어날 정도로 환자를 정성스럽게 간호한다는 뜻. 여기서는 목표를 완벽하게 이루려는 사람들의 치밀하고 정성스러운 태도로 해석했다.

유래 : 《후한서》〈제오륜전第五倫傳〉

'정성'에도 그에 걸맞은 내실이 필요하다,

돈제일주豚蹄一酒

《사기》의 〈골계열전滑稽列傳〉에 나오는 이야기다. 제나라 사람 중 순우곤淳于髡이라는 이가 있었는데, 그는 워낙 익살스럽게 말을 잘 하기로 유명했다. 한번은 초나라가 크게 군사를 일으켜 위魏나라로 쳐들어오자, 위나라 왕이 곧장 그를 불렀다.

"황금 100근과 수레 10대를 내어드릴 테니 선생께서는 지금 조 나라에 가서 구원병을 청해주시오."

물끄러미 예물을 바라보던 순우곤이 껄껄거리며 웃음을 터뜨렸 다. 위왕이 물었다.

"왜 웃으십니까, 이 예물이 적어서 그렇소?"

"아닙니다. 어찌 제가 그럴 수 있겠습니까?"

"그렇게 웃으시다니, 뭔가 할 이야기가 있으신 것 아니오."

순우곤이 그제야 본심을 털어놓았다.

"이곳에 오기 바로 전 풍년을 기원하는 이들을 보았습니다. 그 들은 돼지발굽 하나와 술 한잔을 놓고 이렇게 빌고 있었습니다. '높은 밭에서는 바구니에 가득, 밭에서는 수레에 가득, 오곡이여! 풍성하게 익어서 집안에 가득 넘치게 해주십시오!'라고 말하더군 요. 고작 발굽 하나와 술 한잔을 놓고 지나치게 바라는 것이 많은 게 아닌가 싶어서 웃은 것입니다."

이에 위나라 왕은 원래보다 10배 더 많은 예물을 다시 준비해 순 우곤 앞에 내놓았다. 그가 예물을 가지고 조나라에 당도하자 조나 라 왕은 10만 군사와 1,000개의 수레를 내주었고, 이 소식을 들은 초나라는 위나라를 공격할 마음을 고쳐먹고 군사를 돌려 돌아갔다.

마음의 정성도 분명 중요하지만, 실질적인 투자 없이는 제대로
된 효과를 발휘할 수 없는 법. 일야십기의 정성을 들인다는 이유로
투자에 인색하게 군다면, 오히려 '겉치레로 때우려는 것'처럼 보
일 수도 있다.

돈제일주 : 돼지 돈豚 | 발굽 제蹄 | 한 일一 | 술 주酒

> 돼지발굽과 술 한잔이라는 뜻으로, 작은 정성으로 많은 것을 취하려 함을
> 말한다.
> 유래 : 《사기》 〈골계열전〉

四字疏通

거居
안安
사思
위危

1등의
자리일수록
뒤를
돌아보라

전국시대 초나라는 세력을 키우기 위해 정나라를 침략하기로 했다. 그러자 당시 가장 막강했던 진나라가 초나라를 제외한 다른 11개 국을 설득해 초나라를 응징하자는 동맹을 맺었다. 결국 다른 나라들의 도움으로 정나라는 초나라를 물리칠 수 있었다. 그 후 강화조약을 맺은 정나라는 진나라의 은혜에 보답하기 위해 많은 사례품을 보냈다. 전차와 병기, 악사, 미인들이 속속들이 진나라에 도착했다.

진나라의 도공왕은 초나라와의 싸움에서 큰 공을 세운 충신 위강을 불러 이렇게 말했다.

"이번 초나라와의 싸움에서 그대의 공은 참으로 크다. 정나라가 보내온 사례품 중에서 절반을 자네에게 주고자 하니 사양치 말고 받으라."

하지만 위강은 이를 완강하게 거절하며 오히려 이렇게 말했다.

"폐하. 생활이 편안할수록 위험에 대비해야 화를 면할 수 있습니다. 사례품은 저에게 맞지 않사오니 명을 거두어주십시오."

하지만 왕도 물러서지 않았다. 결국 위강은 세 번을 거절한 끝에 사례품을 받아들였다.

삼성전자 윤부근 사장은 '거안사위'를 염두에 둔 대표적인 경영자 중 한 명이다. 그는 어느 언론과의 인터뷰에서 "1등이라고 방심하면 안 된다. 언제나 거안사위의 교훈을 잊지 않고 있다. 우리 사업부는 골프도 안 친다(웃음)"고 말한 바 있다. 그는 "노력하지 않으면 언제라도 1등 자리를 빼앗길 수 있다. 따라서 언제나 힘든 시기이자 위기라고 생각한다"고 언급하기도 했다.

편안할 때도 위태로울 때를 대비하라는 '거안사위'는 미래에 대한 전망이 불투명한 현실에서 앞으로 다가올 '넥스트 패러다임Next Paradigm'을 준비하는 자세로 해석할 수 있다. 윤부근 사장이 이끄는 TV 부문은 실제로도 새로운 패러다임을 준비하며 언제나 선두를 지켜왔다. 2006년에는 LCD TV를 앞세워 시장점유율 1위에 올라섰고, 2009년에는 또다시 LED TV라는 새로운 패러다임을 장악했다. 그리고 이번에는 'TV 역사상 제4의 혁명'으로 불리는 3D TV를 성공시켰다. 'LCD-LED-3D'로 이어지는 패러다임의 변화에서 늘 선두를 고수한 것이다.

거안사위는 이러한 패러다임 변화를 고스란히 반영하는 말이다. 시장의 강자로 특정 패러다임을 장악하고 있을 때는 '편안한 상태'가 이어지지만, 새롭게 다가오는 패러다임에서 변방으로 밀려나면 곧장 '위태로운 상태'로 전환된다.

그런데 이러한 전환은 오랜 기간에 걸쳐 일어나는 것이 아니라, 대부분 갑작스럽게 찾아온다. '언제나 위기'라는 윤 사장의 말은 이러한 변화가 얼마나 극심한 것인지를 명백히 보여준다. 지금 1위의 자리에 앉아 있다고 방심하지 마라. 당신이 장악하고 있는 상황이나 조직 또한 마찬가지다. 편안할 때일수록 위기를 떠올리며 패러다임의 변화에 대비하라.

거안사위 : 살 거居 | 편안할 안安 | 생각할 사思 | 위태로울 위危

편안할 때도 위기를 생각한다는 말로, 늘 새로운 패러다임에 대비하는 리더들의 자세를 뜻한다.

유래 : 《좌씨전》

끝까지 오르면 내려올 일만 남은 법이다,
항룡유회亢龍有悔

주역의 건괘乾卦(팔괘 중 첫 번째 괘)에서는 사람이 가진 기운의 단계를 용의 승천에 비유하고 있다.

"첫 번째 단계는 잠룡이다. 연못 깊숙이 잠복해 있는 용은 아직 때가 되지 않았으므로 덕을 쌓으며 기다려야 한다. 두 번째는 현룡이다. 땅 위로 올라와 자신을 드러내 군주의 신임을 받고 덕을 널리 행하여 백성을 감화시킨다. 세 번째는 비룡이다. 하늘을 힘차게 나는 용은 제왕의 지위에 오르는 것과 같다. 마지막은 항룡이다.

하늘로 승천한 용은 그 기상이 한없이 뻗게 된다. 하지만 하늘 끝까지 닿으면 남은 것은 내려오는 일밖에 없다."

공자는 이에 대해 이렇게 말했다.

"항룡은 너무 높이 올라갔기 때문에 존귀하지만 지위가 없고, 지극히 높지만 교만하기에 자칫 민심을 잃을 수 있으며, 남을 무시하기 때문에 보필을 받을 수 없다."

역설적으로 보자면 지금 잘나간다는 이야기는 끝을 향해 달려가는 것과 같다. 개인이나 기업에 주어지는 영광이 무한하지 않은 다음에야 한계가 있을 수밖에 없기 때문이다.

하지만 이 말이 운명의 허망함을 뜻하는 것은 아니다. 인간의 삶이 유한하다고 의미가 없는 것은 아니지 않은가. 공자는 허무함을 극복하는 답으로 다음과 같이 말한다. 교만하지 말 것, 남을 무시하지 말 것, 사람들의 마음을 사로잡을 것.

거안사위가 잘나갈 때 미래를 대비하는 자세를 뜻한다면, 항룡유회는 잘나갈 때 어떻게 처신해야 하는지에 대한 옛 성현들의 답인 셈이다.

항룡유회 : 오를 항亢 | 용 룡龍 | 있을 유有 | 뉘우칠 회悔

하늘 끝까지 올라간 용이 내려갈 길밖에 없음을 후회한다는 뜻으로, 크게 성공한 사람일수록 쇠락할 염려가 있으므로 행동을 조심해야 함을 말한다.
유래 : 《주역周易》

존경받는 사람이 계속 존경받는 법, 호구지계狐丘之戒

《열자列子》의 〈설부편〉을 보면 다음과 같은 이야기가 나온다. 중국 전국시대 초나라의 호구라는 마을에 사는 한 노인이 초나라의 대부 손숙오孫叔敖에게 물었다.

"사람들에게는 세 가지 원망의 대상이 있습니다. 혹시 그에 대해 아십니까?"

손숙오가 고개를 가로저으니 노인이 이야기했다.

"사람들은 직위가 높은 사람을 질투하고, 많은 녹을 받는 관리를 원망합니다. 또한 임금은 벼슬이 높으면서도 현명한 신하를 싫어하지요."

손숙오가 말했다.

"직위가 올라갈수록 뜻을 더욱 낮추고, 벼슬이 높아질수록 욕심을 더욱 적게 가지며, 녹이 많아질수록 더욱 많이 베푼다면 이 세 가지 원망으로부터 자유로워질 수 있겠군요."

오랜 세월이 흐른 뒤에 나이가 들어 죽음을 앞둔 손숙오는 아들을 불러 유언을 남겼다.

"그동안 임금께서 내게 땅을 하사하려 했지만 나는 결코 받지 않았다. 내가 죽으면 이제 너에게 땅을 내리려 하실 것이다. 하지만 절대 좋은 지방의 땅을 받아서는 안 된다. 초나라와 월나라 사이에 침구라는 지방이 있다. 그곳은 위치도 좋지 않고 명성 또한 나쁜 곳이다."

손숙오가 죽고 나자 역시 임금은 그의 아들에게 땅을 내리려 했다. 하지만 손숙오의 아들은 아버지의 말씀대로 기름진 옥토와 아름다운 지역을 거절하고 침구 지방을 요구했다. 결국 손숙오의 후손들은 오래도록 그곳에서 잘살 수 있었다.

넘치는 보상은 질투와 원망을 부르는 지름길이다. 재주가 뛰어나면 말하지 않아도 사람들은 알아보게 되어 있다. 모두가 알고 있는 것을 굳이 이야기하는 것도 이상하지 않은가.

호구지계 : 여우 호狐 | 언덕 구丘 | 어조사 지之 | 경계할 계戒

호구의 경계라는 뜻으로 다른 사람으로부터 원망을 사는 일이 없도록 특히 조심하라는 말이다.
유래 : 《열자》

교驕
병兵
필必
패敗

패배는
승리에
도취하는 순간
찾아온다

기원전 68년, 전한前漢의 선제는 서역의 차사국을 정복하기 위해 오랜 시간 고심해왔다. 결국 선제는 정길과 사마희라는 장수에게 출병을 명했고, 대군은 차사국을 압박해 들어갔다. 전한의 군대는 자신감 넘치고 강하기로 유명했는데, 차사국의 왕은 자력으로는 그들을 이길 수 없다는 생각에 개노국에 구원병을 요청했다. 하지만 개노국은 전한의 전력 등을 감안해 지원군을 보내지 않기로 결정했고, 차사국은 전의를 상실한 채 항복하고 말았다. 그런데 정작 당황한 사람들은 개노국의 대신들이었다. 그들은 다 함께 왕을 찾아갔다.

"차사국의 땅은 비옥할 뿐 아니라 전한과 가깝기 때문에 언제 또 침략당할지 모릅니다. 이러한 위기에서 벗어나려면 전한의 군사들이 승리에 도취되어 있는 지금이 공격할 적기입니다. 기습공격을 벌이면 분명 승산이 있을 것입니다."

이에 개노국은 즉시 군대를 파견해 무방비 상태였던 전한의 점령군을 포위한 후 사방에서 공격을 가했다. 개노국의 예측대로 전한의 군대는 적이 너무도 쉽게 항복한 통에 한껏 자만에 도취되어 있었다. 상황이 역전되자 위기에 처한 정길은 선제에게 지원군을 요청했다. 그런데 즉각 군대를 보내려는 선제에게 여러 재상들이 반기를 들고 나섰다.

"교만한 군대가 자신의 위세를 뽐내는 것을 교병驕兵이라 하는데 이러한 군대는 필패必敗한다고 했습니다. 선제께서는 군대를 보내지 않는 것이 좋을 듯합니다."

전한의 재상들은 이미 교만해진 군대에게 병력을 보내봐야 아무런 소용도 없을뿐더러, 오히려 그 위험이 자신들에게까지 미치지 않을지 염려했다. 사지에 빠져 있던 정길과 사마희는 끝내 대패하고 말았다.

삼성그룹은 지난 2010년 사내 커뮤니케이션 창구인 '마이싱글'의 초기화면에 의미심장한 만화를 게재했다. '교병필패'의 내용을 그린 것으로, 분위기가 좋을수록 결코 자만해서는 안 된다는 경고를 담은 메시지였다.

당시 삼성전자는 2분기에 5조 원에 달하는 사상 최대의 영업이익을 기록한 상황이었다. 국내 최고 기업에서 글로벌 최고 기업으로 약진하던 삼성그룹으로서는 분명 호조의 신호였다. 그러나 정작 내부에서는 이러한 성과와 실적이 자칫 교만으로 흐르지 않을지 끊임없이 경계하고 있었다.

이러한 자세는 모든 개인과 조직에 적용 가능하다. 지금 승승장구하는 조직이라면 틀림없이 세력이 강할 터. 그러나 문제는 겉으로 드러나는 힘이 아니다. 체력적으로 강하다 해도 심리적으로 약해진다면 장기적인 세력은 약해지기 마련이다. 가장 강할 때가 가장 약해지기 쉬운 셈이다. 더욱 냉혹한 것은 이러한 상황에 처하면 같은 조직에서도 도와주지 않는다는 점이다. 결국 선제가 정길과 사마희를 포기할 수밖에 없었던 것처럼, 교만한 팀은 조직에서도 배제되기 마련이다.

교병이 필패라면, 교병이 되지 않는 것만으로도 최소한 패배는 면할 수 있다. 교만함을 버리는 것이야말로 성공 가능성을 높이는 최소한의 조건이 아닐까.

교병필패 : 교만할 교驕 | 병사 병兵 | 반드시 필必 | 패할 패敗

> 교만한 군대는 반드시 패하고 만다는 뜻으로, 자신이 승승장구하고 있다는 생각이 들수록 더욱 더 경계심을 늦추지 말라는 절제와 재무장의 정신을 말한다.

어제의 승리를 내일의 현실로 착각하지 마라,

응형무궁應形無窮

《손자병법》〈허실편虛實篇〉에서는 모든 싸움에서 이기는 필승의 법칙 중 하나로 다음과 같은 내용을 꼽았다.

"사람들은 아군이 승리하게 된 작전은 알지만 그 작전의 실질적인 원리는 잘 알지 못한다. 그러므로 한 번 승리한 작전은 다시 쓰지 말아야 하며 적군의 형세에 따라 무궁무진하게 다양한 작전을 펼쳐나가야 한다.”

응형무궁의 자세는 ‘적군이 내 작전의 핵심을 알아차리지 못하도록 끊임없이 변화하는 것’이다. 만일 이런 상황이 펼쳐지면 적군은 한마디로 오리무중의 상황에 빠져들 수밖에 없다. 늘 새로운 작전에 대응해야 하기 때문에 한마디로 갈피를 잡지 못하는 것이다.

교병이 필패할 수밖에 없는 이유 또한 마찬가지다. 성공의 신화에 사로잡힌 교병들은 어제의 작전이 내일도 먹힐 것이라 자만하게 된다. 교병필패에서 말하는 교만은 단순히 마음의 상태만을 지적하는 것이 아니다. 이는 ‘어제의 승리로 인한 마음상태’와 ‘내일이 되면 바뀌는 상황’ 사이에 존재하는 괴리감과 같다. 시시각각 바뀌는 상황이나 변화하는 적의 모습을 감지하지 못하는 순간, 교병은 반드시 패하게 되어 있다.

응형무궁은 반복되는 싸움에서 작전을 노출시키지 말고 끊임없이 새로운 작전과 전략을 도모할 것을 주문하고 있다.

응형무궁 : 응할 응應 | 모양 형形 | 없을 무無 | 다할 궁窮

끊임없이 새로운 상황에 적응해야 승리를 유지할 수 있다는 뜻이다.
유래 : 《손자병법》

감정을 다스려 약점을 은폐하라, 목계지덕木鷄之德

닭싸움을 유난히 좋아했던 어느 왕이 당대 최고의 닭 조련사인 기성자를 찾아가 닭의 훈련을 부탁했다.

며칠 뒤 왕은 기성자를 찾았다.

"이제 싸우기에 충분한가?"

"아직은 좀 부족합니다. 강하기는 하지만 너무 교만해서 자신이 최고인 줄 알고 있습니다."

또 며칠이 흘렀고 왕은 다시 그를 찾았다.

"아직도 여전히 부족합니다. 교만함은 버렸지만 상대방의 소리와 그림자에 너무 쉽게 반응합니다. 진중함이 부족해서 아직은 싸울 수 없습니다."

그다음에도 여전히 '부족하다'는 답변이 돌아왔다.

"조급함은 버렸지만 상대를 노려보는 눈초리가 지나치게 매섭고 공격적입니다."

드디어 며칠 뒤 왕이 기뻐할 만한 소식이 들려왔다. 기성자는 이렇게 말했다.

"이제는 충분합니다. 상대의 소리와 위협에 쉽게 반응하지 않고 평정을 유지합니다. 이제 나무와 같은 목계가 되었으니 다른 닭들은 그 모습만 봐도 도망갈 것입니다."

마음이 들뜨면 행동이 들뜨게 되고, 행동이 들뜨면 반드시 허점이 노출된다. 허점을 노출시키지 않으면 상대는 어디를 공격해야 하는지 알 수 없기에 유리한 위치를 점할 수 있다. 감정을 다스리는 것은 상황을 압도하는 것과 같다. 목계의 변화과정을 보면 싸우기 전에 무엇을 취하고 버려야 할지 알 수 있을 것이다.

목계지덕 : 나무 목木 | 닭 계鷄 | 어조사 지之 | 덕 덕德

> 나무닭이 지닌 덕으로 자신의 감정을 완전히 제어할 줄 아는 능력을 말한다.
> 유래 : 《장자》〈달생편達生篇〉

침枕과戈대待단旦

내일은 오늘의 준비로 결정된다

진나라의 유곤과 조적은 어렸을 때부터 절친한 벗이었다. 둘 다 성격이 쾌활하고 명랑했으며 어린 나이에도 의를 중시했다. 둘은 형제처럼 함께 생활하며 장차 진나라를 위해 큰 공을 세우자고 굳게 다짐하곤 했다. 특히 이들은 무예를 연마하는 것을 너무도 즐겨했는데, 그러던 어느 날 이런 일이 있었다. 곤히 잠든 한밤중에 닭이 울어 그만 잠을 깨버린 것이다. 이때 조적이 제안했다.

"사람들은 닭이 새벽에 우는 것을 불길한 징조로 여기지만 나는 그렇게 생각지 않네. 기왕에 잠을 깬 것이니 우리 함께 무예나 연마하는 것이 어떻겠나?"

"그거 참 좋은 생각이네!"

이렇게 해서 둘은 닭이 우는 새벽이면 일어나 여전히 걷히지 않은 어둠 속에서 무예를 연마하곤 했다. 수년이 흐른 뒤 드디어 유곤과 조적은 훌륭한 청년이 되었고 각자의 위치에서 진나라를 위해 자신의 소임을 다하고 있었다. 그러던 어느 날 유곤의 귀에 '조적이 조정에 중용되어 외적을 물리치는 데 큰 공을 세웠다'는 이야기가 들려왔다. 유곤은 이렇게 편지를 썼다.

"나는 창을 베개 삼아 잠을 자며 아침이 되기를 기다렸네. 하루라도 빨리 오랑캐를 몰아내는 것이 나의 소원이었다네. 또한 나는 늘 자네가 나보다 먼저 공을 세우게 되면 어쩔까 하고 고민하기도 했네."

윤증현 전前 기획재정부 장관은 2010년 한해를 마무리하며 전 직원들에게 새로운 각오를 다지자는 내용의 이메일을 보냈다. 그는 이 메일에서 침과대단의 자세와 함께 '경로 의존성'이라고 하는 상당히 통찰력 있는 시각을 제시한 바 있다.

"옛날 로마군의 마차는 말 두 마리가 끌었습니다. 유럽을 정복한 로마군은 당연히 마차의 폭, 즉 말 두 마리의 엉덩이 폭에 맞춰 유럽의 도로를 정비했습니다. 이 도로가 마차선로로 발전합니다. 열차가 발명되면서 마차선로는 열차선로가 됩니다. 로마군 마차의 폭이 열차선로의 글로벌 스탠더드가 된 것입니다. 그리고 이 열차의 폭은 현대 과학기술의 결정체인 로켓의 지름을 결정합니다. 로켓이 열차를 통해 발사대로 운반되는 만큼, 로켓 지름이 터널의 폭보다 넓어서는 안 되기 때문입니다. 결국 오늘날 로켓의 지름이 2,000년 전 로마군의 마차로부터 시작된 '도로 발전 경로'에서 비롯된 셈입니다. 이를 경제학에선 '경로 의존성Path Dependency'이라 부릅니다."

이 경로 의존성은 거시 경제학에서만 적용되는 것은 아니다. 조직의 문화는 물론이고 개인의 일상과 직접적인 연관을 맺으며 발전을 위한 기폭제로서의 역할을 하고 있다.

우선 조직문화라는 측면에서 살펴보자. 조직의 작은 룰은 다음에 더 큰 룰을 만들 때 반드시 투영되어 조직문화에 속속들이 배어든다. 나아가 이 미세한 룰과 태도들은 리더십과 팔로워십은 물론 고객을 대하는 직원들의 태도마저 결정한다. 개인의 일상도 마찬가지다. 자기 삶의 현 상태를 결정짓는 '작은 경로' 하나가 결국에는 인생 전체를 좌우하는 '큰 경로'로 발전하기 쉽다.

그렇다면 '침과대단'에는 경로 의존성이 어떻게 반영되어 있는 것일까. 유곤과 조적은 우연히 닭의 울음소리에 잠을 깼지만 그것을 놓치지 않고 '무예를 익히는 시간의 룰'로 만들어냈다. 매일매일 닭의 울음소리와 함께 시작된 무예는 점점 더 높은 경지에 오르게 되었고, 나중에는 그들이 나라의 주역이 되는 데 큰 영향을 미쳤다.

늘 앞서가는 사람들에게는 그들의 삶을 조금씩 향상시켜나가는 생활 속의 독특한 룰이 있다. 그것은 일의 효율을 극대화하는 것일 수도 있고, 창의력을 끌어내는 수단이기도 하고, 체력이나 인간관계의 개선 등을 위한 작은 팁이기도 하다. 중요한 것은 바로 그렇게 세워진 룰이 '경로 의존성'으로 인해 다음 경로에 영향을 미친다는 점이다. 당신에게는 당신의 생활을 발전시킬 수 있는 어떤 룰이 있는가. 그 룰이 없다면 지금이라도 자신의 생활을 시간 단위로 떼어내 다시 습관을 점검하고 그에 따른 성과를 분석하고 그것을 보완하는 '작은 경로'를 만들어가야 할 것이다.

침과대단 : 벨 침枕 | 창 과戈 | 기다릴 대待 | 아침 단旦

창을 베고 자면서 아침을 기다린다는 뜻으로, 항상 전투 태세를 갖추고 있
는 군인의 자세를 비유하고 있다.
유래 : 《진서》

늘 준비한다면 언제나 공격할 수 있다,
출기불의出其不意

《손자병법》〈시계편始計篇〉에는 다음과 같은 이야기가 나온다.

"적을 공격할 능력이 없는 것처럼 보이게 하고, 공격을 가할 필
요가 있지만 공격할 필요가 없는 것처럼 보이게 하며, 가까운 목표
를 공격할 계획이지만 멀리 있는 목표를 공격하는 것처럼 보이게
해야 한다. (중략) 적이 미처 방어하지 못한 곳을 집중적으로 공격
해야 하며, 적이 의도하지 못한 순간에 공격해야 한다."

승리를 거두었다고, 성공했다고 안심했다가는 자칫 이처럼 생각
지 못한 상대의 '출기불의'에 당하기 쉽다. 승리의 쾌감에 도취되
기보다 내가 먼저 출기불의하겠다는 마음가짐을 잃지 않는 것이 중
요하다.

출기불의는 늘 침과대단의 자세로 준비했을 때 발휘할 수 있는
화려한 공격 스타일이다. 사실 시계편의 내용은 일종의 '속임수'
처럼 보이기는 하나, 실제로 침과대단을 하지 않는 사람은 실행할

수 없는 내용이기도 하다. 공격할 능력이 없게 보이는 것, 전혀 다른 공격을 하는 것처럼 보이는 것, 적이 전혀 예상하지 못하는 시기에 공격하는 것 등은 모두 전후 사정과 맥락을 꿰뚫어야만 가능한 것이다. 이렇게 하면 상대의 혼을 빼놓아 순간적인 타격을 가할 수 있고, 전혀 다른 모습으로 위장해 치명타를 입힐 수도 있다. 늘 준비한다는 것은 늘 공격할 수 있다는 말과 동일하다. 침과대단의 자세만이 마음만 먹으면 언제든 화려한 공격을 퍼부을 수 있는 출기불의를 가능케 한다는 사실을 잊지 말자.

출기불의 : 날 출出 | 그 기其 | 아닐 불不 | 뜻 의意

상대가 전혀 생각지 못했을 때 치고 나간다는 뜻으로, 여기서는 철저한 준비를 바탕으로 해야만 기회를 놓치지 않는다는 의미로 해석하고 있다.
유래 : 《손자병법》 〈시계편始計篇〉

늘 준비해온 자들이 빠지는 심리적 함정,
이대도강李代挑僵

춘추시대 말기, 제나라의 대장군이었던 전기는 종종 왕자들과 마차경주를 하곤 했다. 이런 그의 취미를 잘 알고 있었던 손빈이 그에게 마차 경기에서 이기는 '필승법'에 대해 이렇게 조언했다.

"장군의 하등급 말을 상대의 상등급 말과 겨루게 하고, 장군의 상등급 말을 상대의 중등급 말과 겨루게 하십시오. 그리고 중듭급 말을 하등급 말과 겨루게 하십시오. 이렇게 하면 비록 한 번은 질지언정, 나머지는 이길 수 있으니 전체적으로는 장군의 승리가 아니겠습니까!"

이러한 병법이 유래된 것은 중국 고대와 중세의 한시漢詩인 '계명'이었다.

"복숭아나무가 우물가에서 자라고, 자두나무가 그 옆에서 자랐네. 벌레가 복숭아나무 뿌리를 갉아먹으니, 자두나무가 복숭아나무를 대신하여 죽었네. 나무들도 대신 희생하거늘, 형제는 또 서로를 잊는구나."

늘 준비하는 자들에게는 한 가지 심리적 함정이 있을 수 있다. 그것은 싸움에 임했을 때 '반드시 이겨야 한다'는 생각에 집착하기 쉽다는 점이다. 그만큼 많은 준비를 해왔고, 또 그것으로 자신감이 높아진 만큼 실수를 예방하는 안정적인 방법보다 허점을 보이더라도 과감한 공격을 퍼붓는 방법을 선호하게 된다. 하지만 완벽한 승리란 있을 수 없다. 때로는 두 판의 승리를 위해 한판을 질 수도 있고 복숭아나무를 살리기 위해 자두나무가 죽을 필요도 있다. 늘 준비해온 사람들이 빠질 수 있는 승리에 대한 과도한 집착이라는 함정에서 빠져 나온다면, 성공의 가능성을 한층 높일 수 있을 것이다.

이대도강 : 오얏 리李 | 대신할 대代 | 복숭아 도挑 | 넘어질 강僵

　자두가 복숭아나무를 대신해 넘어진다는 뜻으로, 작은 손해를 입는 대신 큰 승리를 거두는 전략이다.
　유래 : 《손자병법》〈시계편始計篇〉

기騎호虎지之세勢

승자의 기쁨을 만끽하라

수나라 최초의 황후인 독고황후는 대단한 질투심에 금욕적인 성격까지 갖춘 '여걸'로 평가된다. 이러한 그녀의 모습을 적나라하게 보여주는 것 중 하나가 바로 '장남 퇴출 사건'이다. 그녀는 자신과 남편 양견 사이에서 낳은 첫 번째 자식 양용이 문제를 일으키자 과감하게 장남을 폐하고 차남인 양관을 태자로 세웠다. 남편이 특정 궁녀를 총애하자 그녀의 목을 베어 바치기도 했다. 심지어 그 일로 황제가 궁궐을 나가기까지 했으니 그녀의 집요함과 도도함이 어느 정도인지 능히 짐작할 수 있을 것이다.

하지만 그녀는 끊임없이 남편을 격려했고, 결국 왕위에 오를 수 있도록 힘을 실어주었다. 특히 양견은 황제가 되기 전까지 실권을 장악하는 과정에서 수많은 난관을 겪었는데, 그때마다 독고황후는 다음과 같이 말했다.

"대사는 이미 벌어졌습니다. 이는 날쌘 호랑이를 타고 달리는 것과 같습니다. 중도에 내릴 수 없으니 어찌 됐든 끝까지 최선을 다해야 합니다."

이 말을 들은 양견은 권력을 두고 물러설 수 없는 싸움에 최선을 다했고, 결국에는 황제의 자리에 등극했다.

YTN 배석규 사장은 2010년 신년사에서 당시의 절박한 심정과 회사의 생존을 위한 결심을 '기호지세'라는 말로 표현했다. 당시 YTN은 '종합편성채널 허가'와 '새로운 보도채널 추가'라는 중대한 외부적 환경변화를 맞이한 상황이었다. 이는 그간 '보도채널'이라는 위치에서 누릴 수 있었던 YTN의 프리미엄이 순식간에 무장해제되는 것을 의미했다. 그의 절박함은 신년사의 문구에 절절히 드러나 있다. 심지어 그는 "YTN의 생존을 위협하는 요인이 있다면 강력히 대처해 살아남겠다는 각오를 분명히 밝힌다"고까지 말했다. 많은 CEO들이 '생존'을 언급하는데, 그것은 대부분 '미래의 생존'인 경우가 많다. 반면 배 사장의 '생존'은 매우 다급하고 절실한 것이었다.

기호지세는 무한경쟁 시대의 새로운 양상을 여실히 보여준다. 과거의 경쟁은 그나마 느슨하고 예외가 허용되는 경쟁이었다. 큰 기업은 죽지 않는다는 '대마불사大馬不死'의 신화도 여전히 남아 있었고, 시장의 패러다임도 어느 정도는 안정적으로 유지되고 있었다. 하지만 어느덧 시작된 혹독한 무한경쟁 체제는 모두에게 원하지 않는 경쟁을 강요하고 있으며, 경쟁에 참여하지 않으면 기존의 영역마저 빼앗길 수밖에 없게 됐다. 호랑이를 멈추고 싶어도 멈출 수 없고, 호랑이에서 내리면 곧바로 잡아먹히는 난감한 상황인 것이다.

'무한경쟁'이 무조건 나쁜 것은 아니다. 하지만 끝없이 계속되는 경쟁에 쉽게 지치는 것 또한 사실이다. 목표를 이루자마자 곧장 돌아가는 룰렛에 몸을 실어야 한다는 사실은 무척 힘 빠지고 괴로운 일이다. 하지만 이러한 피로감에서 벗어날 방법이 없는 것은 아니다. 달리는 호랑이와 하나가 되면 된다. 달리는 호랑이의 등에서 느껴지는 리듬감과 속도의 쾌감, 그리고 가슴을 때리는 맞바람을 즐기며 호랑이와 하나가 되어보라. 경쟁이란 반드시 승자와 패자를 낳는 법. 승자가 되는 기쁨에 중독된다면, 또다시 승자가 되기 위한 노력이 그리 피곤하지만은 않을 것이다.

기호지세 : 말탈 기騎 | 범 호虎 | 어조사 지之 | 권세 세勢

> 호랑이를 타고 달리는 기세라는 뜻으로, 달리는 호랑이에서 내릴 수 없는 것처럼 경쟁에 지치더라도 도중에 그만두거나 물러서지 말 것을 주문하고 있다.
> 유래 : 《수서隋書》

스스로 인생의 주인이 되어라, 수처작주隨處作主

중국의 고승 임제선사는 이런 말을 남겼다.

"가는 곳마다 주인이 돼라."

호랑이 등에 타고 무서운 기세로 달려가는 기호지세를 완성하기 위해서는, 먼저 자신의 운명에 대한 정의를 내려야 한다. 주인이 되어 자신의 삶을 주도해나갈 것인가, 아니면 하인처럼 자신의 삶에 이끌려갈 것인가에 대한 결정이다. 스스로 자신의 삶을 리드하지 않으면 그것을 대신해줄 사람은 아무도 없다.

패배감과 수동에 젖어 있는 사람들에게는 호랑이 등에 타는 것 자체가 피곤한 일이고, 성취감과 승리의 기쁨을 즐기는 사람은 호랑이 등에 타지 않는 것이 오히려 불안할 것이다. 스스로의 인생에서 주인이 되지 못하면 그 어떤 곳에서도 주인이 될 수 없고, 그러한 사람들은 미래에도 끌려가듯 행동할 수밖에 없다. 지금 있는 곳에서 주인이 되어야만 미래에도 진정한 삶의 주인이 될 수 있다.

수처작주 : 따를 수隨 | 곳 처處 | 지을 작作 | 주인 주主

어느 곳에서든 주인이 되라는 뜻으로, 여기서는 목표를 이루기 위해서는 무엇보다 삶을 주도하는 자세가 중요함을 강조하고 있다.
유래 : 《임제록臨濟錄》

어떤 상황에서든 담대하게 나아가라, 일신시담一身是膽

조조가 유비의 근거지인 한중을 탈취하기 위해 북산으로 군량미를 옮기던 중이었다. 유비의 부하인 황충이 이를 알고 군량미를 빼앗기 위해 출발했지만 감감 무소식이었다. 조자룡이 그 뒤를 따라 추격했지만 정작 그를 막아선 것은 조조의 수많은 군사들이었다. 하지만 조자룡은 불리한 상황에서도 자신의 활로를 만드는 동시에 공격을 멈추지 않았다. 그는 아군의 성으로 돌아온 후에도 성문을 굳게 걸어 잠그기는커녕 오히려 문을 활짝 열어놓았다. 그리고 이렇게 명령했다.

"깃발을 내리고 북소리를 멈추어라!"

이 광경을 본 조조군은 섣불리 성을 공격하지 못했다. 혹시나 복병이 있을까 하는 염려 때문이었다. 조자룡은 이때를 놓치지 않고 북소리를 드높이며 조조군을 공격하기 시작했다. 깜짝 놀란 조조군은 자신들끼리 밟고 밟히며 달아나기 급급했다. 이 과정에서 강물에 빠져죽은 군사가 셀 수 없을 정도였다. 다음 날 도착한 유비는 간밤의 전쟁터를 돌아보며 감탄하지 않을 수 없었다.

"조자룡은 온 몸이 담덩어리로구나!"

조자룡이 보여준 전투방식의 특징은 후퇴하면서도 결코 공격을 멈추지 않는 '후퇴의 공격'이다. 조조군과의 형세가 불리해지자 조자룡은 후퇴하면서도 싸움을 계속했고, 아군의 성으로 후퇴한 후에도 성문을 잠그지 않고 또다시 공격 기회를 열어놓았다. 일신시담은 멈출 수 없는 게임에 임하는 기호지세와 함께 반드시 명심해야 할 마음가짐일 것이다.

일신시담 : 한 일一 | 몸 신身 | 이 시是 | 쓸개 담膽

온몸이 쓸개로 이루어져 있다는 뜻으로, 두려움이라고는 모르는 담대한 사람을 비유할 때 쓰인다. 여기서는 난관을 만나더라도 목표를 향해 끝까지 자신 있게 전진하는 자세를 말한다.
유래 : 《삼국지》〈촉서蜀書 · 조운전趙雲傳〉

지금의
**나를 있게
한 사람은
누구인가**

순^脣
망^亡
치^齒
한^寒

춘추시대 말기, 진나라는 당시 7개의 패권국 중에서도 가장 힘이 약한 나라였다. 매년 위나라와 전쟁을 거듭하기는 했지만 지리멸렬한 싸움만 계속될 뿐이었다. 특히 진나라는 나머지 6개 나라에 비하면 지나치게 서쪽에 위치하고 있었기에 어떻게 해서든 중원으로 세력을 확장해야 하는 과제를 안고 있었다. 진나라 헌공은 결국 자신의 이러한 야심을 채우기 위해 괵나라를 공격해야겠다고 결심했다.

하지만 괵나라로 진격하기 위해서는 중간에 자리한 우나라를 거쳐야만 했다. 헌공은 우나라의 왕에게 군대가 지나갈 수 있도록 길을 허락해달라고 뇌물과 함께 청을 넣었다. 그러자 우왕은 대신들을 모아놓고 의견을 물었다. 이때 우나라의 현인이었던 궁지기가 반대를 하고 나섰다.

"안 됩니다. 지금 괵나라와 우나라는 한 몸이나 다름없는 사이입니다. 옛 말에 수레와 수레의 판자는 서로 의지해야 하는 관계고, 입술이 없어지면 이가 시리다고 했습니다. 지금의 형세에 비추어봤을 때, 바로 우나라와 괵나라의 관계와 같습니다. 결코 진나라에게 길을 빌려주어서는 안 될 것입니다. 진나라는 괵나라를 멸한 후 반드시 우리를 공격할 것이기 때문입니다."

하지만 이미 뇌물에 마음이 흐려진 우공은 이 말에 반박했다.

"진나라와 우리는 같은 조상에서 내려온 동성동본의 일가가 아니오. 어찌 우리를 해칠 거라 생각하오."

진나라에게 길을 열어주기로 결정이 나자 비탄에 빠진 궁지기는 가족들과 함께 우나라를 떠났다. 길을 허락받은 진나라는 괵나라를 멸망시키고 돌아오는 길에 우나라를 공격해 결국 우왕을 사로잡았다.

2007년 삼성경제연구소는 경영자 정보사이트인 SERI CEO 회원 413명을 대상으로 '오늘날의 나를 있게 해준 가장 힘이 되는 습관'을 조사했다. 그중 가장 많은 선택을 받은 사자성어가 바로 '순망치한'이었다. '사람과의 인연을 소중히 여기고 관계를 중시한다'는 의미의 순망치한이 많은 CEO들에게 매우 중요한 삶의 자세이자 성공의 습관이었던 것이다.

많은 이들이 자신의 성공을 표현할 때 '운'이라는 말을 자주 쓴다. 괜한 겸손을 부린다고 생각할 수도 있겠지만, 그들은 정말 '운'이 따라주지 않았으면 어려웠으리라고 여긴다. 물론 원인 없는 결과는 없다. '운'이라고 불리는 것들의 실체는 바로 '타인들과의 조화'이다. 이가 시리지 않았던 것이 운이나 우연 때문이 아니라 입술이 있었기 때문인 것처럼. 당신과 당신의 조직이 생각보다 많은 것을 얻었고 기대보다 큰 성공을 이루었다면 그것은 수많은 '입술들'이 존재했기 때문이다.

목표에 도달했다고 생각할수록 성공을 거두었다고 생각할수록, 늘 감사하고 주변을 배려해야 하는 이유는 바로 이것이다. 기억하라, 당신이 '우연'이나 '운'이라고 표현하는 것에는 반드시 당신을 돕는 또 다른 이들의 힘이 존재하고 있음을.

순망치한 : 입술 순脣 | 잃을 망亡 | 이 치齒 | 찰 한寒

> 입술이 없으면 이가 시리다는 말로 서로 떨어질 수 없는 밀접한 관계라는 뜻이다. 여기서는 성공 앞에 교만해질수록 항상 타인에게 감사와 배려의 마음을 잃지 않아야 하는 이유로 해석하고 있다.
> 유래 : 《춘추좌씨전春秋左氏傳》

주변 사람의 어려움을 외면하지 마라,
학철부어涸轍鮒魚

몹시도 가난했던 장자는 당장 먹을 곡식이 없었다. 아무리 고민해도 방법이 떠오르지 않자 감하후에게 약간의 곡식을 빌리러 갔다. 그의 사정 이야기를 들은 감하후는 거절할 수 없어 이렇게 말했다.

"며칠 후 세금이 들어오는데 그걸 받으면 한 300금쯤 꿔줄 수 있을 것 같네만."

그러자 장자는 안색을 바꾸며 말을 이어갔다.

"내가 여기 올 때 누군가 나를 부르지 않겠소. 뒤를 돌아보니 수레바퀴가 지나간 자리에 고인 물에 있던 붕어였소. '붕어야, 왜 나를 부르느냐'라고 물어봤더니 붕어가 대답하길, '어디서 한 말쯤 되는 물을 가져다가 저에게 부어줄 수 없겠소?'라고 말하더이다. 그래서 내가 말했소. '그래, 좋다. 내가 지금 오나라와 월나라로 가서 서강西江의 물을 길어와 너에게 부어주겠다'라고 말이오. 그랬더니 붕어가 안색을 바꾸며 이렇게 말하지 않겠소.

'지금 당장 저에게 있어야 할 물이 없소이다. 단지 한 말이면 되는데 당신이 그렇게 말하니 저를 찾으려거든 건어물 가게로나 오십시오'라고."

알게 모르게 자신을 도와준 수많은 입술에게 보답하는 첫 번째 방법은, 그들이 도움을 청할 때 나중을 기약하지 말라는 것이다. 도움이 필요한 자는 언제나 절실하기 마련이다. 그들에게 먼 미래에 돕겠다는 것은 돕지 않겠다는 것과 마찬가지다. 그들에게는 나중의 강물이 아니라 지금 한 말의 물이 더욱 절실하므로.

학철부어 : 마를 학涸 | 바퀴자국 철轍 | 붕어 부鮒 | 물고기 어魚

수레바퀴 자국에 괸 물에 있는 붕어라는 뜻으로, 곤궁한 처지나 다급한 위기를 비유한 말.
유래 : 《장자》

가진 것을 다 내주어라, 경광도협傾筐倒篋

진나라의 태위 치감이라는 사람에게는 재색을 겸비한 딸이 있었다. 딸이 혼기에 이르자 그는 훌륭한 배필을 구해주고 싶었다. 백방으로 수소문한 결과 재상 왕도의 아들들이 이목구비도 출중하고 총명하다는 사실을 알게 됐다. 치감은 그의 문하생에게 왕도의 집으로 가서 아들들을 살펴보고 오라고 명했다.

왕도의 아들들 역시 치감의 딸이 매우 훌륭하다는 사실을 알고 있었기에 치감의 문하생이 온다는 소식에 모두들 최대한 잘 보이고 싶어 했다. 그러다 보니 모두들 바짝 긴장해 있는데 유독 한 아들만이 전혀 상관할 바가 아니라는 듯 침대에서 배를 드러내놓고 음식을 먹었다. 문하생이 돌아가 이 모든 상황을 상세하게 보고하자, 치감이 탁 하고 무릎을 쳤다.

"바로 그 사람이네. 침대에서 음식을 먹는 사람이 바로 내 사윗감이야!"

그는 바로 중국 역사를 통틀어 제일의 서성書聖으로 손꼽히는 왕희지였다. 치감의 딸은 왕희지와 혼례를 올렸고 그 후 시댁의 문화를 유심히 살펴봤다. 그리고 한번은 친정으로 놀러와 남동생들에게 이렇게 말했다.

"그쪽 왕 씨네 사람들은 사람을 대접할 때에는 광주리와 상자를 엎어서 가진 것을 남김없이 내놓을 정도로 극진히 환대하더군요."

입술에게 감사하는 두 번째 방법은 '많이 하라'는 것이다. 그렇다고 필요 이상의 과도한 도움을 베풀 필요는 없겠지만, 분명 상대

가 '충분하다'고 할 만큼 돕는 것은 좋은 방법이다. 필요할 때의
충분한 도움은 감사의 깊이를 더하기 마련이다.

경광도협 : 다할 경傾 | 광주리 광筐 | 엎을 도倒 | 상자 협篋

광주리를 기울이고 상자를 엎는다는 뜻으로, 가진 것을 남김없이 다 내놓
아 극진히 환대함을 이르는 말이다.
유래 : 《세설신어世說新語》

四字
疏通

5장 위기탈출을 위한
각오를 다질 때

교토삼굴狡兎三窟 무중생유無中生有 임난불구臨難不懼 성동격서聲東擊西 웅비자복雄飛雌伏

암전상인暗箭傷人 사이후이死而後已 진불구명進不求名 중원축록中原逐鹿 선승구전先勝求戰

금성탕지金城湯池 무신불립無信不立 계찰계검季札繫劍 이신위본以信爲本 반근착절盤根錯節

방촌이란方寸已亂 좌우봉원左右逢源

당신은 위기에 대비할 '은신처'를 준비해두었는가?

제나라의 재상인 맹상군의 집에는 무려 3,000명에 달하는 식객들이 머무르고 있었다. 엄청난 수의 사람들을 먹이고 재워야 했으니 들어가는 경비만 해도 어마어마했다. 맹상군은 이 돈을 마련하기 위해 인근 백성들에게 돈을 빌려주고 이자를 받고 있었다. 그런데 갈수록 이자 회수율이 떨어져갔다. 이를 해결하기 위해 누구를 보낼지 고민하던 차에 식객 중의 한 명인 풍환이 나섰다. 그는 평소 식객인 주제에 불평불만도 많고 차림새도 거지처럼 볼품없었다. 맹상군의 입장에서는 그러한 그가 나서겠다니 다소 의외였다. 풍환이 말했다.

"이자를 받으면 무얼 사올까요?"

맹상군은 어떤 것이든 좋으니 이곳에 부족한 것을 사오라고 일렀다.

풍환은 주민들을 만나 10만 전이라는 적지 않은 금액을 걷었다. 중요한 것은 그다음 풍환의 행동이었다. 그는 원금에 대한 차용증을 모두 걷어 불에 태워버렸다. 애초의 원금까지 모두 변제받은 주민들은 감격하지 않을 수 없었다. 돌아온 풍환이 아무것도 사오지 않은 것을 알고서 맹상군이 물었다.

"대체 무얼 사오셨소?"

"은혜와 의리요."

맹상군은 어이없고 허탈한 마음에 아무 말도 하지 못했다.

그 후 1년이 흘렀다. 하늘을 찌를 듯한 권세를 누리던 맹상군은 새로 즉위한 민왕의 미움을 사 관직을 박탈당하고 말았다. 그러자 3,000명의 식객들도 모두 뿔뿔이 흩어져버렸다. 풍환은 험악한 세상인심에 좌절한 맹산군을 이끌고 어디론가 향했다. 예전에 원금을 모두 면제해주었던 백성들이 살고 있는 곳이었다. 맹상군이 온다는 소식에 많은 이들이 마을 입구까지 나와 그를 맞았다. 맹상군은 그때야 풍환이 '은혜와 의리를 사왔다'고 말한 진정한 의미를 깨달을 수 있었다. 풍환이 갑자기 '교활한 토끼 이야기'를 꺼냈다.

"교활한 토끼는 살기 위해 3개의 굴을 뚫는다고 합니다. 1개의 굴을 뚫었으니 나머지 2개도 뚫어야 하지 않겠습니까?"

그 후 풍환은 민왕과 위나라 혜왕 사이를 오가며 맹상군을 복직시켰을 뿐 아니라, 민왕 아버지의 묘를 맹상군의 영지에 세우게 했다. 나중에 민왕의 마음이 변해도 맹상군을 함부로 할 수 없도록 미리 조치해놓은 것이다. 풍환이 맹상군에게 말했다.

"3개의 구멍이 모두 완성되었으니 이제 매일 밤 근심 없이 주무셔도 될 것 같습니다."

위기 없는 조직 없고, 절망에 빠지지 않는 개인은 없는 법. 문제는 그에 대비해 얼마나 '다양한 준비'를 했느냐는 것이다. 아직 닥치지도 않은 위기가 막연하게 느껴진다면 지금 당장 종이를 꺼내 들고 자신에게 닥칠 수 있는 최악의 상황들을 적어보라. 처방전으로 종이가 빼곡하게 차는가, 아니면 빈 공간만 남을 정도로 아무런 대비책이 없는가?

교토삼굴은 현대그룹 현정은 회장의 신조이기도 하다. 사실 이제껏 현 회장이 보여주었던 행보 자체가 교토삼굴의 연속이었다. 그녀는 위기의 상황에서도 끊임없이 어려움을 돌파하는 저력을 발휘했다. 애초 회장직에 오를 때만 해도 말이 많았지만, 취임 직후 현대그룹이 보여주었던 약진은 이 모든 우려를 완벽하게 불식시켰다. 금강산 관광이 위기에 처했을 때 직접 평양을 방문해 담판을 짓는 대담함을 보여주었고, 채권단이 재무구조약정체결로 압박해올 때도 흔들리지 않았다. 현대는 늘 '위기'를 겪었지만, 늘 흔들림 없이 순항해왔다. 이러한 순항의 비결은 견고한 위기관리 능력을 뽐내는 현 회장의 리더십 덕분일 것이다. 전방위적으로 문제를 살피고, 다양한 시나리오를 만들고, 언제든 위험을 대비하는 자세가 벼랑 끝에서도 안정적으로 약진할 수 있게끔 한 것이다.

우리가 고민해야 할 것은 위기가 언제 올까가 아니라, 앞으로 닥칠 위기에 '어떻게' 대비할 것인가다. 위기는 어느 날 갑자기 습격해오기 마련이다. 교토삼굴의 정신이야말로 나와 조직을 지키는 필살의 대비책이 되어줄 것이다.

교토삼굴 : 교활할 교狡ㅣ토끼 토兎ㅣ석 삼三ㅣ구멍 굴窟

> 꾀 많은 토끼가 3개의 굴을 파두어 살아남을 수 있었다는 말로, 삶과 비즈니스의 순항을 위한 가장 완벽한 준비자세를 의미한다.
>
> 유래 : 《사기》〈맹상군열전孟嘗君列傳〉

최악의 상황에서도 솟아날 구멍을 만들어라,

무중생유無中生有

당나라의 간신 안록산安祿山이 반란을 일으켜 옹구성까지 진격해왔을 때였다. 장순이라는 장수가 성을 지키고 있었는데, 그는 몰려드는 반란군에 최선을 다해 대항했지만 가지고 있던 화살이 거의 떨어져 곤란을 겪게 되었다. 침통한 마음에 빠져 고민하던 장순에게 한 가지 묘책이 떠올랐다. 그는 즉시 병사들에게 명령을 내렸다.

"지금부터 허수아비를 만들고 그 허수아비에 군복을 입혀라!"

병사들은 즉시 군복 입힌 허수아비 수천 개를 새끼줄에 매달아 일시에 성 밖으로 떨어뜨렸다. 캄캄한 밤중에 수많은 군사들이 성 밑으로 내려오는 것을 본 반란군은 우왕좌왕하기 시작했다.

"적군이 성에서 내려왔다! 어서 빨리 화살을 쏘아라!"

장순은 화살을 맞은 허수아비를 다시 걷어 올려 수많은 화살을 확보했다. 그러나 이는 시작에 불과했다. 장순은 다음 날 밤 또다시 수천 명의 병사를 성 밖으로 내보냈다. 물론 어제 밤 작전에 속은 반란군은 더 이상 화살을 쏘지 않았다. 그러나 이번에 내려온 병사들은 허수아비가 아니라 진짜 군사들이었다. 무방비 상태였던 반란군들은 결국 허둥지둥 퇴각할 수밖에 없었다.

미리 위험에 대비해야 한다는 것을 알면서도, 변화무쌍한 현실에서 모든 위험에 대비하기란 쉽지 않다. 사전에 준비한 대비책이 없다면 그 즉시 대응할 수 있는 '순발력'을 갖춰야 한다. 장순은 더 이상 도망칠 교토삼굴이 없는 최악의 상황에서도 솟아날 구멍을 만들어냈다. 흔히 '무에서 유를 창조한다'고 말하지만, 정작 아무것도 없는 최악의 상황에서는 '유를 창조해야지!'라는 강한 의지보다 '왜 무가 되었을까' 하며 후회하는 경우가 더 많다. 언제나 '무에서 유를 창조할 수 있다'는 말을 마음에 새기며 순발력 있게 또 다른 '토끼 굴'을 만들 수 있어야 할 것이다.

무중생유 : 없을 무無 | 가운데 중中 | 날 생生 | 있을 유有

아무것도 없는 가운데 있는 것을 만들어낸다는 뜻으로, 여기서는 위기를 맞았을 때 순발력 있게 대처하는 자세를 강조하는 말로 쓰인다.
유래 : 《손자병법》

운명에 맞서는 지치지 않는 용기,

임난불구臨難不懼

노魯나라의 양호라는 장수가 송나라의 광이라는 지역을 공격했을 때의 일이다. 그는 포악하고 파렴치한 만행을 저질러 많은 사람들의 원한을 샀다. 그 후 공자가 광을 방문했는데, 갑자기 많은 사람들이 공자를 둘러싸더니 마구 욕을 퍼붓기 시작했다. 사람들이 그렇게 흥분한 것은 양호와 공자의 생김새가 상당히 비슷했기 때문이었다. 하지만 그런 상황에서도 공자는 아랑곳하지 않고 그저 묵묵히 거문고 연주를 계속했다. 공자의 제자 자로가 사람들의 무리를 헤치고 공자에게 물었다.

"선생님께서는 어떻게 이런 상황에서도 즐거우실 수가 있습니까?"

공자가 대답했다.

"물에서 만나는 용을 두려워하지 않는 것은 어부의 용기이고, 육지를 다니면서 외뿔소나 호랑이를 피하지 않는 것은 사냥꾼의 용기다. (중략) 자신이 곤궁하게 된 것을 운명으로 알고, 뜻대로 되려면 때가 되어야 함을 알고, 큰 어려움이 닥쳐와도 두려워하지 않는 것이 바로 성인의 용기가 아니겠는가. 나의 운명은 이미 정해져 있는 것이다."

살다 보면 누구나 각자가 처한 상황에서 어려움을 겪을 수밖에 없다. 그때마다 그것을 피하기보다 견뎌가며 싸울 수 있어야 한다. 위험에 미리 대비하는 교토삼굴도 있어야 하고, 더 이상 피난처가 없는 상태에서 무중생유의 정신도 발휘할 수 있어야 한다. 하지만 그 모든 것의 전제는 '어떤 어려움이 와도 그것을 받아들이고 싸워나가야 한다'는 '임난불구'일 것이다.

길가에서 먹고 자는 노숙자와 마찬가지로, 부유한 재벌에게도 고민은 있다. 성자에게는 성자 나름의 고민이, 망나니에게는 망나니나름대로의 불만이 있을 것이다. 이 모든 위기와 곤궁함을 받아들

이는 임난불구의 자세야말로 지치지 않는 용기를 발휘하는 동력이
아니겠는가.

임난불구 : 임할 임臨 | 어려울 난難 | 아니 불不 | 두려워할 구懼

어려움이나 곤경에 처해도 두려워하거나 당황하지 않는 꿋꿋한 자세를 뜻
한다.
유래 : 《장자》〈추수편秋水篇〉

상대의 장점을 아킬레스건으로 만들어라

聲東擊西
성동격서

한나라의 한신과 위나라의 백직이 천하를 두고 물러설 수 없는 싸움을 벌이던 때였다. 한신이 사력을 다해 진군하자 백직은 황허강의 동쪽 지역에 진을 쳤다. 강을 가로막아 진을 치면 적군이 넘보지 못할 견고한 태세를 갖출 수 있기 때문이었다. 드넓은 강을 마주한 한신의 고민은 깊어만 갔다. 상대 진영의 군사력도 군사력이지만, 깊고 큰 강이 가로막고 있는 탓에 더 이상 나아가기가 힘들었기 때문이다. 장기전에 돌입하게 되면 패색이 짙은 싸움을 연명해갈 수밖에 없었다. 그런데 이때 한신은 군사들에게 의외의 명령을 내렸다.

"자, 이제는 본격적인 싸움을 앞두고 힘을 기를 때다. 밤낮을 가리지 말고 훈련에 돌입하라!"

한신의 군사들은 명령에 따라 낮에는 물론 밤에도 횃불을 밝히며 훈련에 몰두했다. 이 모습을 본 백직은 한신을 비웃었다. 아무리 열심히 훈련한들 흘러가는 강물을 이길 수는 없을 것이므로.

　그러나 놀랍게도 군사들이 훈련을 하고 있는 사이에 한신의 특수부대는 은밀하게 황허강의 동쪽을 떠나 다른 곳으로 이동했다. 그러고는 뗏목으로 황허강을 건너 백직의 후방 지역으로 소리 없이 진격해 들어갔다. 안심하고 있던 백직이 무너지는 것은 시간문제였다. 백직은 물론 그의 주군인 왕표마저 사로잡혀 백직의 군대는 완전히 무너지고 말았다.

　삼성그룹은 혁신을 추진하고 미래에 대비하자며 직원들에게 '성동격서'를 제시했다. 이는 '허를 찌르는 혁신적인 사고를 하라'는 메시지다. 경쟁이 심화되고 상황이 어려워질수록 상대가 예상치 못한 새로운 사고로 판을 장악하라는 주문일 것이다.

　하지만 여기서 중요한 것은 '허를 찌르라'는 추상적인 메시지가 아니라 '어떻게 하면 허를 찌를 수 있는가' 하는 방법론이다.

　허를 찌르는 사고와 전략을 구사하기 위해 가장 중요한 것은 상대의 조건을 나의 조건으로 대체하는 점이다. 상대가 만들어놓은 조건을 새로운 덫으로 활용하게 되면, 상대는 당황한 나머지 급속도로 세력이 약화될 수밖에 없다.

　한신은 '성동격서'라는 방법으로 강을 사이에 둔 싸움을 적의 후방을 치는 싸움으로 바꾸어버렸다. 그러자 수세에 몰렸던 입장은 순식간에 상대를 괴멸시킬 수 있는 공격적인 국면으로 전환되었다. 싸움의 결정적인 조건은 '강'이었는데, 위기탈출을 위해 '강'이라는 조건 자체를 없애버린 것이다.

허를 찌르는 두 번째 방법은 상대를 안심시키라는 것이다. 백직은 강 때문에 전투가 장기전이 될 것을 확신했고 분명 자신들에게 유리할 거라는 사실을 알고 있었다. 그럼에도 한신은 백직의 믿음이 깨지지 않도록 그들 앞에서 밤낮없이 훈련하는 모습을 보여주었다. 그리고 상대방이 방심하고 있는 틈을 타서 백직의 믿음에 결정적인 타격을 가했다.

자신이 답답한 상황에 처했을 때 가장 먼저 해야 할 것은 상대방의 조건을 찬찬히 따져보되, 그 조건을 자신에게 유리하게끔 재빨리 대체하는 것이다. 상대에게 허를 찔리지 않으려면 반대로 생각하면 된다.

성동격서 : 소리 성聲 | 동녘 동東 | 칠 격擊 | 서녘 서西

> 동쪽에서 소리를 지르며 서쪽을 친다는 뜻으로, 불리한 상황을 타개하기 위해 상대의 허를 찌르는 전략을 비유한 말이다.
> 유래 : 《통전通典》〈병전兵典〉

힘들 때일수록 힘차게 뻗어나가라, 웅비자복雄飛雌伏

중국 후한 시대 경조승에 올랐던 조온이라는 이의 이야기다. 그는 정직하고 올곧으며 백성을 위하는 마음이 가득한 관리였다. 그러나 그러한 그의 마음과 달리 조정의 기강은 어지러울 대로 어지러워져 있었다. 여러 번 상소를 올렸는데도 변화의 기미가 보이지 않자 조온은 결국 탄식 끝에 벼슬을 그만두었다. 주변에서는 왜 관직을 버리느냐며 만류했지만 조온은 오히려 목소리를 높였다.

"대장부가 마땅히 힘차게 뻗어나가 웅비해야지, 어찌 옳지 않은 일에 가만히 복종할 수 있겠는가!"

그 후 그는 고향으로 내려가 머물렀지만 은둔이나 칩거생활에 머무르지는 않았다. 그는 심한 가뭄이 들자 집안의 창고를 열어 1만 명이나 되는 사람들을 먹여 살렸고, 이각과 곽사가 황제를 위협해 조정의 권력을 좌지우지하자 이각을 심하게 꾸짖기도 했다. 오만방자했던 이각은 머리끝까지 화가 나 조온을 죽이려 들었으나, 많은 이들이 민심이 혼란해질 것을 두려워하여 그를 만류했다. 결국 이각은 조온을 죽이지 못했고, 훗날 조온은 다시 강남정후라는 직책에 봉해져 백성들을 위해 더더욱 열심히 일했다.

상황이 어렵고 일이 잘 풀리지 않을 때에는 누구나 심리적으로 위축되기 마련이다. 심리적으로 위축되면 행동도 위축될 수밖에 없다. 하지만 행동하지 않으면 자신의 주변 상황은 변하지 않는다. 만약 조온이 시골에서 칩거만 하고 있었다면 과연 그가 백성의 신망을 유지하고 더 높은 직책에 오를 수 있었을까? 그는 자신의 생각대로 행동하고 또 행동했다. 그 행동이 신뢰를 유지시켜 주변의 상황을 자신에게 유리하게 이끌었기에 결국 재기에 성공할 수 있었다.

힘들다고 느낄수록 자신의 생각대로 밀고 나가야 한다. '성동격서'라는 현명한 전략을 세웠다면, '웅비자복'이라는 실천지향적 기세로 상황을 뒤집어야 할 것이다.

웅비자복 : 수컷 웅雄 | 날 비飛 | 암컷 자雌 | 엎드릴 복伏

수컷은 날고 암컷은 엎드린다는 뜻으로, 대장부가 힘차게 뻗어나가 굴복하지 않음을 비유한다. 여기서는 위기 앞에서도 힘차게 나아갈 줄 아는 기세를 의미한다.
유래 : 《후한서》

비열한 화살은 반드시 다시 돌아온다, 암전상인暗箭傷人

춘추전국시대, 정나라가 허나라를 정벌하기 위해 군대를 점검할 때였다. 그런데 이때 정나라의 영고숙이라는 늙은 장수와 공손자도라는 젊은 장수가 다툼을 벌였다. 좋은 전차를 자신이 먼저 차지하려는 싸움이었다. 전차의 성능에 따라 싸움의 승패는 물론 부하들의 생사가 갈리곤 했으니, 좋은 전차를 차지하기 위한 장수들의 신경전은 어찌 보면 당연한 일이었다. 하지만 둘의 싸움은 심각했다. 결국 영고숙은 전차의 멍에를 집어든 채 멀리 달아나버렸고, 공손자도는 창을 들고 따라갔지만 이미 영고숙은 사라지고 없었다. 공손자도는 너무도 분했지만 전차를 포기할 수밖에 없었다.

드디어 허나라 정벌을 위한 출병이 시작되었다. 정나라 군대가 허나라 도읍을 압박해 들어가자 역시나 영고숙이 제일 먼저 성으로 기어 올라갔다. 그러자 공손자도는 영고숙이 전차의 멍에를 들고 도망간 일을 떠올리며 그가 공을 세워서는 안 된다는 생각이 퍼뜩 떠올랐다. 공손자도는 영고숙의 등을 화살로 쏘았고 영고숙은 성벽 아래로 떨어져 죽고 말았다.

'몰래 활을 쏘아 사람을 해친다'는 의미의 암전상인은 허를 찌르는 성동격서의 방법을 적용할 때 반드시 한번은 반추해봐야 할 고사성어다. 허를 찌르는 것과 상대를 안심시켜 놓고 뒤통수 치는 것 사이에는 미묘하지만 분명한 차이가 존재한다. 아무리 경쟁이 치열한 곳이라 해도 암전상인처럼 비열한 방법을 써서는 안 된다. 반드시 도덕적인 이유 때문만은 아니다. 내가 쏜 비열한 화살이 또 다른 비열한 화살로 내게 돌아올 것이기 때문이다. 고사에는 나오지 않지만 공손자도의 비열함을 본 영고숙의 군대가 공손자도를 응징했을 가능성은 매우 높지 않은가.

암전상인 : 어두울 암暗 | 화살 전箭 | 상처 상傷 | 사람 인人

> 몰래 활을 쏘아 사람을 해친다는 말로, 여기서는 정정당당한 경쟁을 위해 지양해야 할 방법을 뜻한다.
> 유래 : 《좌씨전》

열정의
온도를
높이는 것은
'각오'다

사死
이而
후後
이已

제갈공명이 평생에 걸쳐 원하던 것이 있었으니 바로 '한나라의 천하통일'이었다. 애초 시골 촌뜨기에 불과했던 유비, 관우, 장비가 자신에게 도움을 청했을 때는 무려 세 번이나 물리쳤던 그였다. 하지만 일단 힘을 합쳐 세력을 일으키고 영토를 확장해나가자 유비 삼형제와 제갈공명은 천하를 뒤흔들었다. 천재적인 전략, 폭풍 같은 공격, 목숨을 바치는 충실한 부하들, 삼국의 역사를 아우르는 가장 뜨겁고 드라마틱한 성공과 좌절, 그리고 역전의 드라마… 그 중심에 언제나 제갈공명이 있었다.

하지만 어느덧 세월이 흘러 자신과 함께해온 많은 사람들이 떠났다. 장비와 관우에 이어 유비까지 죽음을 맞이했다. 그를 더욱더 비참하게 했던 것은 평생 동안 재물과 쾌락에 관심이 없던 장수 중의 장수, 조자룡마저 병으로 생을 마감했다는 사실이다. 유비를 이어 한나라를 이끌던 유비의 아들 유선과 제갈공명은 풀 수 없는 한과 응어리를 가슴에 품고 목 놓아 울었다.

공명은 또다시 붓을 들었다. 그 이름은 바로 '후출사표.' 수년 전 '출사표'를 통해 천하통일의 위업을 달성하려 했지만 결국 뜻을 이루지 못한 그였다. 영욕을 함께했던 과거의 장수들은 모두 사라지고 없었지만, 공명은 오히려 그렇기에 끝끝내 천하통일을 이뤄야겠다는 비장한 각오로 한 자 한 자 써내려갔다. 후출사표에는 과거에 천하통일을 이루지 못했던 회한과 반성, 그리고 이번에는 반드시 이루어내겠다는 의지가 오롯이 새겨져 있었다.

"선제께서는 한을 훔친 역적과는 함께 설 수 없고, 천하의 한 모퉁이를 차지한 것에 만족해 주저앉을 수 없다고 여기시어 신에게 역적을 칠 것을 당부하셨습니다. 신은 그 같은 선제의 명을 받은 뒤로 잠자리에 누워도 편하지 않고 음식을 먹어도 입에 달지 아니했습니다. 반드시 위나라를 멸망시켜 천하를 통일하고 왕업을 중원에 확립해야 합니다. 신은 이 소원을 성취하기 위해 죽기 전에는 그만두지 않겠다는 각오로 출정합니다."

남자 프로농구 삼성 썬더스의 안준호 전前 감독은 2010년 시즌을 맞아 '사이후이'라는 말로 경기에 임했다. 실제 삼성 농구팀은 예전에는 농구의 명가로 통했지만, 2006년부터는 우승의 문턱에서 번번이 미끄러졌다. 시즌이 끝나고 다른 팀들이 우승의 축포를 터뜨릴 때면 그저 고개를 돌려야만 했다. 그것도 한두 시즌이 아니라 무려 4년 동안이나 말이다.

거듭되는 실패는 성공에 대한 간절함으로 표출되었다. 공명이

'출사표'로 이루지 못한 천하통일의 각오를 '후출사표'를 통해 다졌듯이, 안 감독 또한 지난 4년간의 패배를 뒤집기 위해 '사이후이'를 가슴에 새겼다.

민병덕 국민은행장 역시 지난 2010년 은행장으로 취임하며 '사이후이'의 정신을 내걸었다. 당시 그는 "KB국민은행이 혁신과 도전을 통해 새로운 미래로 도약하기 위한 중대한 전환점에 서 있는 만큼 막중한 책임감을 느낀다. 사이후이의 정신으로 경쟁력 있고 내실 있는 은행을 만들겠다"고 말했다. 실제 그는 그 후 조직개편, 구조조정, 현장경영, 신상품 출시를 주도하며 '리딩뱅크가 되겠다'는 자신의 목표를 꾸준히 실천해나갔다.

사이후이는 죽기 전에는 절대 그만두지 않겠다고 천명하는 자세이자 반드시 해내겠다는 필사적인 의지다. 물의 온도를 높이는 것은 불이고, 열정의 온도를 높이는 것은 각오다. 각오라는 불씨가 마음을 지피지 못하면, 뜨거운 열정은 있을 수 없다. 위기가 닥쳤을 때 가장 먼저 무장해제되는 것은 바로 마음이다. 마음이 무너지면 모든 것이 무너진다. 명심하라. 절실한 각오만이 어떠한 위기에서도 당신을 지켜줄 수 있는 최후의 버팀목임을.

사이후이 : 죽을 사死 | 어조사 이而 | 나중 후後 | 이미 이已

죽어야 그만둔다는 말로, 목표를 앞두고 의지가 나약해지는 이들이 반드시 새겨야 할 비장한 각오를 뜻한다.
유래 : 《삼국지》

손익을 따지는 순간, 진정한 몰입은 날아가버린다, 진불구명進不求名

《손자병법》은 전쟁에서 진격과 후퇴를 결정하는 방법에 대해 이렇게 말하고 있다.

"진격을 명령할 때 칭찬과 명예를 구하려 하지 말고, 후퇴를 명령할 때 문책과 죄를 피하려 하지 마라. 닥쳐올 결과가 조국의 이익에 얼마나 부합되는지를 생각하라. 그러한 마음으로 진퇴를 결정하는 장수야말로 진정한 국가의 보물이다."

진불구명은 사이후이라는 결정적인 각오를 표명할 때 필요한 마음가짐이다. 장수가 군사의 생사가 달린 문제를 결정할 때 개인의 죄와 명예를 따지면 올바른 판단을 할 수 없듯, 목표를 앞두고서는 사적인 손익을 따지지 말아야 한다. 이는 판단력을 흐릴 뿐 아니라 몰입을 방해해 오히려 더 안 좋은 결과를 낳는다. 오로지 '애초의 목표'에만 모든 정신을 쏟는 것. 그것이 바로 사이후이를 뒷받침하는 자세일 것이다.

진불구명 : 나아갈 진進 | 아니 불不 | 구할 구求 | 이름 명名

> 공격할 때 명예를 구하지 말라는 말로, 목표를 이루기 위해 개인의 욕심에 집착하지 말라는 마음가짐을 의미한다.
> 유래 : 《손자병법》

지금도 경쟁자들은 달리고 있다

중원축록 中原逐鹿

한때 한신은 유방의 신뢰를 받던 맹장 중의 맹장이었다. 한신은 유방이 한나라를 일으키는 데 크게 기여하여 결국 왕의 자리에까지 올랐지만 그 후로는 계속해서 위기에 몰렸다. 초나라의 장군이었던 종리매를 숨겨준 일로 모반 혐의를 받았고 나중에는 군사권이 전혀 없는 회음후淮陰侯로 격하되기까지 했다. 결국 궁지에 몰린 한신은 모반을 일으켰지만 성공하지 못한 채 생을 마감했다.

그런데 그 후 괴통이라는 자가 한신의 모반에 관여했다는 사실이 드러났다. 유방이 괴통을 불러 문책하자 그는 이렇게 말했다.

"한신은 애송이였습니다. 그때 제 말만 들었더라도 폐하의 손에 죽지 않았을 것입니다. 혹은 그가 제 말을 들었더라면 폐하 역시 천하를 평정하기는 힘들었을 것입니다."

이 말에 화가 난 유방은 괴통을 삶아죽이라고 명령했지만, 괴통은 아랑곳하지 않고 최후변론을 이어갔다.

"신은 죄를 지은 적이 없습니다. 진나라의 기강이 무너지고 중원이 어지러워지자 각지의 영웅호걸들이 일어났습니다. 진나라가 사슴(제위)을 잃었기 때문에 천하가 모두 이것을 쫓았습니다. 다만 모두 힘이 모자라 그 목적을 이루지 못했을 뿐입니다. 그런데 천하가 평정된 지금, 난세의 폐하와 마찬가지로 천하를 노렸다 해서 죽이려 하신다면 이는 도리에 어긋나는 일 아니옵니까."

유방은 괴통의 설득력 있는 말에 그를 살려줄 수밖에 없었다.

2010년 신년사에서 코트라KOTRA 조환익 전前 사장은 치열한 글로벌 시장에서 주도권 다툼에 나서는 각국 기업들의 상황을 '중원축록'으로 묘사하며 강자들과의 피할 수 없는 일전에 당당하게 맞서자고 독려했다. 또한 그는 글로벌 플레이어들이 진검승부를 벌이는 격전지로 미국, 유럽 등의 선진국 시장을 꼽으며 치열한 시장 쟁탈전에서 결코 뒤처지지 말 것을 다짐했다.

괴통의 변론에서 유래된 '중원축록'은 하나의 목표를 향해 온 힘을 다하는 치열한 경쟁을 묘사하는 말로, 강자와의 숨 가쁜 싸움을 뜻한다.

하지만 중원축록이 단순히 경쟁의 상황만을 묘사하는 것은 아니다. 중원축록은 치열한 경쟁을 묘사하는 동시에, 지금의 경쟁에 어떻게 임해야 하는지도 함께 시사하고 있다.

한 번의 사슴 사냥이 끝나면 먹는 자와 먹지 못하는 자가 결정된다. 사슴을 빼앗기면 결국 굶을 수밖에 없는 냉정한 현실이 곧바로 닥친다는 이야기다. 다음 번 사냥에서는 '먹는 자'가 될 수도 있겠지만, 그러려면 또다시 주린 배를 안고 사냥에 나서야 한다. 사냥에 실패하면 그것을 복원하는 데 2배의 힘이 필요하다. 이처럼 냉정한 현실을 감안한다면 매번 벌어지는 사냥이 얼마나 중요한 것인지, 어떠한 자세로 임해야 하는지를 짐작할 수 있을 것이다. 일단 경쟁이 시작되면, 그 경쟁에서는 '반드시' 이겨야 하고 그것을 위해서는 사력을 다해야 한다.

중원축록은 당신이 쉬고 있을 때도 누군가는 열심히 뛰고 있음을 의미한다. 지치고 힘들어 쉬고 싶다 해도, 그것은 '당신의 사정'에 불과하다. 경쟁자는 사정을 봐주지 않고 뛰어나간다. 지금 눈에 경쟁자가 보이지 않는다고 결코 마음을 놓아서는 안 된다. 사슴을 잡으려는 다른 사냥꾼이 언제 불쑥 튀어나올지 모르기 때문이다. 사슴도 바보가 아닌 다음에야 한 방향으로만 도망갈 리 없다. 거의 잡은 것 같은데 순식간에 방향을 바꾸면 내 뒤에 있는 사람이 사슴의 주인이 되고 만다.

세상도 마찬가지다. 쉬고 싶어도 쉴 수 없는 것, 다 잡았다고 생각해도 결코 안심할 수 없는 것이 바로 우리가 살아가는 중원축록의 세상이다. 조금 천천히, 혹은 여유롭게 가고 싶을 때마다 여전히 뛰고 있을 당신의 경쟁자를 떠올려라.

중원축록 : 가운데 중中 | 벌판 원原 | 쫓을 축逐 | 사슴 록鹿

중원의 사슴을 쫓는다는 뜻으로, 치열한 경쟁에서 쉬고 싶을 때 새롭게 다져야 할 각오를 의미한다.
유래 : 《사기》 〈회음후열전편淮陰侯列傳篇〉

이기고 시작하는 자세로 임하라, 선승구전先勝求戰

《손자병법》은 승리하는 전쟁의 특징을 이렇게 요약하고 있다.

"승리하는 군대는 먼저 승리를 만들어놓은 다음에야 전쟁에 임한다."

모두가 중원축록에 뛰어든 상황에서 먼저 이기고 싸울 수 있다면 얼마나 좋을까. 하지만 이 말에는 쉽게 이해할 수 없는 부분이 있다. 어떻게 싸워보지도 않고 이길 수 있단 말인가. 과연 '먼저 이긴다'는 것은 어떤 의미일까.

이는 두 가지 의미를 띠고 있다. 첫 번째는 이길 수 있는 조건을 충분히 만들어놓고 싸우는 것이고, 두 번째는 승산 없는 싸움은 피하는 것이다. 물러설 수 없는 각오로 전쟁에 임하는 것도 중요하지만, 싸움의 승산을 따지는 것도 꼭 필요한 일이다. 애초 이길 수 있는 싸움이 아니라면, 시간을 끌어서 부족한 점을 보완하거나 실패를 피해가는 것도 현명한 방법이다. 무작정 중원축록에 뛰어들기보다 이기고 시작하겠다는 선승구전의 자세로 임한다면, 어떠한 위기에서도 탈출할 수 있을 것이다.

선승구전 : 먼저 선先 | 이길 승勝 | 구할 구求 | 전쟁 전戰

싸우기 전에 이미 승리한다는 뜻으로, 어떤 일에 임하기 전에 모든 준비를 갖추는 것을 의미한다.
유래 : 《손자병법》

먼저 당신 스스로를 철옹성으로 만들라,

金城湯池금성탕지金城湯池

진시황이 세상을 떠나자 전국 곳곳에서 반란이 일어났다. 그중에 서도 무신이라는 자는 싸움에서 승승장구하며 주변의 성들을 점령 해갔다. 이번에는 범양성을 치겠다며 나서는 무신군에게 한신의 모 사였던 괴통이 찾아와 다음과 같은 제안을 했다.

"제게 변방의 수많은 성들을 힘들이지 않고 차지할 수 있는 묘안 이 있습니다."

마침 연이은 전투에 지쳐 있던 무신군에게 이보다 더 반가운 제 안이 있을 리 없었다.

"어찌 그것이 가능하단 말이냐."

"그리 어렵지 않습니다. 만일 무신군께서 범양을 공격하면, 다 른 성의 백성들은 끓어오르는 연못에 둘러싸인 무쇠성처럼 단단히 문을 닫아걸고 저항할 것입니다. 반면 범양의 현령에게 높은 직책 을 주시고 잘 대우한다면, 변방의 다른 현령들도 싸우지 않고 항복 해올 것입니다."

결국 무신군은 괴통의 말대로 해 싸우지 않고도 30여 곳의 현령 들에게서 항복을 받아낼 수 있었다.

승리를 위해 '중원축록'의 열정과 '선승구전'이라는 방법을 이 야기했다면, 이번에는 지지 않는 전략을 생각해보자. 금성탕지는 끓어오르는 해자에 둘러싸인 무쇠성이란 뜻으로, 난공불락의 견고 한 성을 일컫는다. 먹고 먹히는 경쟁이 치열한 상황에서는 상대방을 공격하는 것 못지않게 자신을 돌아보고 방어력을 높이는 대비 또한 필요하다. 그런 연후에야 비로소 중원에서 마음껏 달리며 이기는 싸움을 할 수 있을 것이다.

금성탕지 : 쇠 금金 | 재 성城 | 끓을 탕湯 | 못 지池

> 매우 견고하여 공격하기 어려운 성을 비유하는 말로, 여기서는 어렵게 취한 승리나 성공을 끝까지 잘 지켜내는 마음가짐을 뜻한다.
>
> 유래 : 《한서》 〈괴통전蒯通傳〉

가장 밑바닥에 있는 사람도 일으켜 세우는 힘

무無
신信
불不
립立

춘추시대 위나라의 유학자 자공子貢은 늘 정치란 무엇인가를 골똘히 고민했다. 그는 마침 공자를 만나게 되자 이렇게 물었다.

"정치란 과연 무엇일까요?"

공자가 대답했다.

"식량을 풍족하게 하고 군대를 충분히 강하게 만들고, 이를 통해 백성의 믿음을 얻는 일입니다."

자공은 이 세 가지 중에서도 가장 본질적인 것이 무엇인지 궁금했다.

"어쩔 수 없이 한 가지를 포기해야 한다면 뭘 포기해야 할까요?"

"제일 먼저 군대를 포기해야 합니다."

"그럼 식량과 믿음 중에 또 한 가지를 포기해야 한다면요?"

"식량을 포기해야지요."

하지만 자공은 의아할 수밖에 없었다. 백성들이 살아가려면 식량이 필요했기 때문이다. 자공의 의아한 표정을 보고 공자가 말을 이었다.

"사람이 죽음을 피할 수는 없습니다. 하지만 백성의 믿음 없이는 나라 자체가 존립할 수 없습니다."

2010년 김태호 총리 후보는 사퇴의 뜻을 밝히며 '무신불립'이라는 말을 꺼냈다. 그는 앞으로도 이 '무신불립'을 결코 잊지 않겠노라 다짐했다. 사건의 진실을 놓고 말이 많긴 했지만, 이 사건은 꽤 단순하게 요약할 수 있다. '어떤 사람이 총리가 되는 데 실패한 사건'이다. 정작 그에게 좌초를 안겨준 것은 그의 학력도, 이력도, 재산도 아니었다. 이력서나 인물정보에는 단 한 자도 나와 있지 않은 '믿음'이었다.

여기서 믿음의 특징이 드러난다. 믿음은 평소에는 전혀 정체를 드러내지 않다가 결정적인 순간에 사람을 곤란하게 만든다. "저 사람은 다 좋은데 신뢰가 안 가"라는 말은 누군가를 평가하는 근본적인 기준이 '믿음'임을 여실히 보여준다.

'식량과 믿음 중에 포기해야 할 것은?'이라는 질문에서도 믿음의 특징을 알 수 있다. 식량은 돈을 주고 사면 되고, 돈이 없으면 빌리면 된다. 그런데 돈을 빌리려면 믿음이 필요하다. 식량과 믿음의 관계는 어떤가. 믿음을 가지고 식량을 얻을 수는 있어도 식량을 가지고 믿음을 얻을 수는 없다. 이는 믿음이 무언가를 사고파는 시장의 영역, 즉 돈이 오가는 시장의 논리를 벗어나 존재함을 의미한다. 믿음은 살 수도, 빌릴 수도 없다. 오로지 상호간의 '약속'을 통해서만 형성될 수 있다.

　믿음이란 있으면 좋은 것이 아니라, 없으면 무서워지는 것이다. 그리고 가장 밑바닥에 있는 사람조차 다시 일으켜 세울 수 있는 막강한 힘을 가지고 있다. 백성의 믿음 없이는 나라가 존재할 수 없고, 주변 사람들의 믿음이 없으면 당신도 존재할 수 없음을 잊지 마라.

무신불립 : 없을 무無 | 믿을 신信 | 아니 불不 | 설 립立

　　믿음이 없으면 설 수 없다는 말로, 삶에서나 일에서나 믿음이 없이는 어떤 것도 할 수 없음을 의미한다.
　　유래 : 《논어》〈안연편顔淵篇〉

진정한 믿음은 상황을 따지지 않는다,

계찰계검季札繫劍

오나라 수몽왕의 막내아들 계찰은 절개가 곧고 신념이 강했으며 신뢰를 중요시하는 인물이었다. 그는 왕위를 이어받으라는 아버지의 명을 거부하고 형들에게 왕위를 양보했으며, 자신은 그저 평범한 관직에 머물렀다. 그러던 그가 오나라의 사신으로 북쪽으로 향하던 중 우연히 서나라의 서왕을 만났다. 그때 계찰은 서왕이 자신의 보검을 갖고 싶어 했지만 차마 말을 꺼내지 못하고 있음을 알아차렸다. 하지만 당시 계찰은 중원을 돌아다니는 사신 입장이었기에, 별다른 말을 하지 않았고 보검을 바치지도 않았다.

그는 중원을 다 돌아본 후 다시 서왕에게 들렀다. 그런데 이미 서왕은 죽은 후였다. 계찰은 천천히 자신의 보검을 풀어 서왕의 나무에 걸어놓았다. 그를 따르던 하인이 물었다.

"서왕은 이미 돌아가셨는데, 누구에게 주시는 것입니까?"

계찰이 대답했다.

"내가 이미 마음속으로 그에게 줄 것을 결심했는데, 그가 죽었다고 뜻을 바꿀 이유는 없지 않은가?"

신뢰와 믿음이 지켜지지 않는 데는 여러 가지 이유가 있겠지만, 가장 중요한 것 중 하나는 바로 '상황의 변화'일 것이다. 처음에야 누구든 서로의 믿음을 지키려 들 것이다. 하지만 돌아가는 판도가 달라지면 믿음을 지키기 어려운 상황이 펼쳐진다. 때로는 명분이라는 이름으로, 때로는 핑계라는 이름으로 약속이 무너진다. 그러나 계찰에게 '믿음'과 '상황'은 별개의 것이었다. 상대방이 죽었다 해도 애초 지킬 약속은 지켜야 했던 것이다. '상황의 변화'라는 족쇄를 집어던진 후에도 지키는 믿음이야말로 진정한 믿음이 아니겠는가.

계찰계검 : 끝 계季 | 표 찰札 | 맬 계繫 | 칼 검劍

계찰이 검을 걸어놓았다는 말로 어떤 상황에서도 믿음을 저버리지 않는 자세를 뜻한다.

유래 : 《사기》〈오태백세가편吳太伯世家篇〉

믿음으로 오늘의 '손해'가
내일의 '이익'이 될 수 있다, 이신위본 以信爲本

위나라의 명제는 사마의司馬懿에게 정예부대 30만 명을 이끌고 촉나라를 정벌할 것을 명령했다. 사마의는 전투를 위해 기산 지역에 도착했는데, 공교롭게도 당시 기산에 있던 촉나라의 제갈량 군대에서 때마침 임무교대가 이루어지고 있었다. 그렇지 않아도 10만도 되지 않는 병력이었는데, 교대를 위해 병사들이 고향으로 내려가면 남는 군사는 8만밖에 되지 않았다. 제갈량의 참모들은 임무교대를 한 달 정도 연기해야 한다고 강력히 주장했지만, 제갈량의 생각은 달랐다.

"이제껏 나는 병사들을 통솔할 때 신의를 근본으로 삼아왔다. 교대가 예정된 병사들은 이미 짐을 다 싸서 돌아갈 때만을 기다리고 있고 그의 가족들은 남편과 아버지가 오기만을 기다리고 있을 것이다. 비록 전투가 임박했다 해도 병사들과의 신의를 저버릴 수는 없다."

이 말을 전해들은 병사들은 감동받아 스스로 짐을 풀고 다시 전투태세를 갖추었고, 결국 승리를 거머쥘 수 있었다.

돌아가는 상황이 바뀌어 약속이 무산될 때도 있지만, 때로는 눈앞의 이익 때문에 약속이 깨지기도 한다. 그러나 일반적으로 사람들에게는 '부채감'이라는 것이 있다. 자신이 누군가에게 빚을 졌다면, 본능적으로 그것을 갚으려는 마음이 생긴다는 이야기다. 당신이 손해를 보더라도 믿음을 고수하면, 상대방은 당신이 본 손해를 채워주어야 한다는 마음을 갖게 된다. 최소한 믿음에 관해서만은 지금 손해를 본다 해도 나중에 이익으로 돌아올 수 있다. 설령 그런 기회가 오지 않더라도 상대로부터 '그 사람 참 좋은 사람이었는데'라는 말을 듣는 것 자체가 이익이 아닐까.

이신위본 : 써 이以 ┃ 믿을 신信 ┃ 할 위爲 ┃ 근본 본本

> 믿음으로 근본을 삼는다는 뜻으로, 신의를 저버리지 않는 자세를 말한다.
> 유래 : 《삼국지》〈제갈량전諸葛亮傳〉

어떤 일에든
장애물은
있는
법이다

반盤
근根
착錯
절節

후한의 6대 황제인 안제가 열세 살이라는 어린 나이에 황제자리에 오르자 그의 어머니는 수렴청정을 시작했고 태후의 오빠인 등줄은 대장군의 자리에 올라 막강한 병권을 행사했다. 이러한 상황에서 변방의 양주지역에는 유목민족이었던 강족이 번번이 침략해 들어왔고 흉노족들도 호시탐탐 침략할 기회를 노렸다. 흉년까지 겹치자 상황은 더욱 악화되었다. 결국 등줄은 재정이 여의치 않다는 이유로 양주를 포기하겠다고 선언했다. 그러자 우후라는 신하가 이를 적극 반대하고 나섰다.

"양주는 선조들이 어렵게 개척한 지역인 데다 이제껏 걸출한 인물과 장수들이 많이 배출된 곳입니다. 게다가 그쪽을 포기하면 변방족들이 들어와 살면서 토착민들과 마찰을 일으킬 게 뻔합니다. 그렇게 되면 장차 국내로도 침략해올 가능성이 높습니다."

대부분의 신하들도 이에 동조했다. 등즐은 자신의 계획이 무산되자 그때부터 우후를 미워하며 호시탐탐 제거할 기회만을 엿보고 있었다. 이때 조가현이라는 지역에서 일부 폭도들이 현령을 살해하고 반란을 일으키는 사건이 발생했다. 등즐은 이때가 기회라는 생각에 우후를 현령으로 부임시켰다. 그러나 우후는 주변의 만류와 걱정을 뿌리치고 오히려 이렇게 말했다.

"신하로서 위험한 일을 피하지 않는 것이 마땅한 도리가 아닌가. 굽은 뿌리와 뒤틀린 마디를 피한다면 어디서 예리한 칼날을 휘두를 수 있단 말인가!"

당당한 자세로 현령에 부임한 우후는 결국 자기만의 지략을 발휘해 반란을 평정했다.

윤증현 전前 금감위원장은 2007년 기자간담회에서 "지난 3년의 재임기간은 반근착절을 풀어가는 하나의 과정이었다. 경제위기 이후 누적된 금융시장의 불안요인을 하나씩 제거하는 것이 나의 소임이었다"고 말했다. 반근착절은 '얽히고 설켜 해결하기 어려운 일들'을 의미한다.

윤 원장의 말에는 겉으로 드러나는 것 이상의 노고가 배어 있다. 한두 해만 묵혀도 꼬이고 복잡해지는 게 금융시장의 문제다. 설상가상으로 자본시장이 점차 고도화되면서 금융상품은 점점 더 복잡해졌고, 금융 전문가를 필요로 하는 상황도 점차 늘어났다. 이처럼 복잡한 시장의 한복판에서 기관과 기업을 감시하고 그들을 중재하고 처벌하는 일을 맡아왔으니 당시 윤 원장의 업무는 하루하루가 반근착절과의 싸움이었을 것이다.

반근착절은 우리의 일상과 업무에서도 숱하게 볼 수 있다. 해결될 기미가 보이는 것 같다가도 어느새 문제가 견고하게 자리를 지키고 있다. 더욱더 심각한 것은 목표에 다가갈수록 반근착절이 점점 심해진다는 것이다. 누구든 이제 다 끝났나 싶었는데 생각지도 못한 문제가 불거져나와 당황했던 경험이 있을 것이다. 일의 시작도 중요하겠지만 마무리도 그에 못지않게 중요한 이유다.

중요하고 규모가 큰 업무일수록 치밀한 완성도가 요구된다. 완성도를 높이기 위해서는 다양한 돌발상황들에 논리정연하게 대처해야 한다. 처음에는 쉬워 보이는 일들도 진행하다 보면, 생각보다 쉽지 않음을 실감할 때가 많다. 막판에 접어들면서 그동안 잠잠했던 문제들이 하나둘씩 삐져나오는 것이다. '마무리가 반'이라는 말은 '시작이 반'이라는 말보다 더 묵직한 느낌으로 다가온다. 시작이 힘든 것은 '마음먹기'의 문제이지만, 마무리가 힘든 것은 '실제 일의 완성도'와 관련되어 있다. 따라서 일의 마무리가 그만큼 어렵다는 것을 미리부터 가정하지 않으면 현실로 닥쳤을 때 당황하기 쉽다. 자신감이 붙고 꿈이 눈앞에 다가왔을 때일수록 생각지 못한 반근착절을 예상해 대응해야 한다.

반근착절 : 소반 반盤 | 뿌리 근根 | 섞일 착錯 | 마디 절節

구부러진 나무뿌리와 뒤틀린 마디라는 말로, 해결하기 어려운 문제를 뜻한다. 문제는 언제든지 생길 수 있으니 끝까지 방심하지 말라는 의미로 쓰일 수 있다.

유래 : 《후한서》〈우후전虞詡傳〉

쉽게 '포기'라는 말을 내뱉지 마라, 방촌이란方寸已亂

삼국시대 서서는 다양한 병법서에 통달한 탁월한 인재이자 유비의 뛰어난 군사 참모였다. 유비와 대립관계였던 조조는 그의 재능을 탐내 자기 사람으로 삼으려 했으나, 끝내 거절당하고 말았다. 그러자 조조의 참모 정욱이 꾀를 냈다.

"서서는 효심이 무척 강하기로 유명합니다. 그의 어머니를 인질로 삼아 서서에게 편지를 쓰게 하면 반드시 위나라에 투항해올 것입니다."

하지만 정작 붙잡힌 서서의 어머니 역시 아들에게 그러한 편지는 절대 쓸 수 없다고 버텼다. 결국 조조는 어머니의 필체를 모방해 서서에게 가짜 편지를 보냈다.

편지를 읽은 서서는 그날부터 마음이 불안해지기 시작했다. 평소와 다른 그의 모습이 의아했던 유비는 조심스레 물었다.

"요즘 무슨 일이 있습니까?"

서서가 솔직하게 대답했다.

"지금 조조가 저의 어머니를 인질로 잡고 있습니다. 마음이 혼란스러워 주군을 위해 일하기가 힘들어졌습니다."

결국 서서는 유비를 떠나 조조에게 갈 수밖에 없었다.

서서가 처한 상황 역시 어쩔 수 없는 '반근착절'이었다. 그런데 서서와 앞에 등장한 우후와는 결정적인 차이가 있다. 우후가 "그럼 어디 가서 예리한 칼날을 휘두른단 말이냐!"라며 과감한 도전을 선호한 반면, 서서는 죄송하다며 나약한 모습을 보였다.

반근착절을 푸는 첫 번째 열쇠는 어려움을 극복하겠다는 단호한 마음가짐이어야 한다. 실제 자신 때문에 서서가 돌아왔음을 안 어머니가 "조상을 욕되게 하는 못난 자식은 보고 싶지 않다"며 스스로 목숨을 끊었으니 서서의 혼란이 얼마나 파괴적인 결과를 낳았는지 알 것이다. 서서가 맥없이 조조에게 떠나갔듯 목표 앞에서 좌절하지 않으려면 포기의 말만큼은 쉽게 내뱉어서는 안 될 것이다.

방촌이란 : 모 방方 | 마디 촌寸 | 이미 이已 | 어지러울 란亂

혼란스러운 마음가짐이란 말로, 여기서는 목표를 이룰 때까지 피해야 할 마음의 자세를 뜻한다.
유래 : 《삼국지》

일이 무거울수록 가볍게 접근하라, 좌우봉원左右逢源

맹자는 학문을 하는 방법에 대해 이렇게 말했다.

"군자가 올바른 도리를 탐구하는 것은 스스로 도리를 깨우치기 위해서다. 스스로 깨우치게 되면 일에 대처하기가 수월해진다. 일에 대처하기 편해지면, 그 일에서 깊이 있는 것을 깨우칠 수 있게 된다. 일에서 깊이를 알게 되면, 자신의 좌우 가까이에 있는 것을 취해 그 근원까지 알게 된다."

학문을 배우기 위해서는 올바른 방법으로 하되, 가까이에 있는 것부터 차근차근 익혀야 그것의 근원과 만날 수 있다는 말이다. 반근착절의 상황에 처했을 때 가장 먼저 해야 할 것은 방촌이란을 막는 것, 두 번째로 해야 할 일은 가까이 있는 사소한 문제부터 해결해 점점 근원으로 뚫고 들어가는 '좌우봉원'이다. 복잡하게 얽힌 실타래를 생각하면 쉽다. 꼬여 있는 실타래의 한가운데를 풀어봐야 점점 더 복잡해질 뿐이다. 눈에 보이는 실의 가장 끝, 가장 가까운 것부터 차근차근 해결하다 보면 결국에는 '핵심 실타래'로 들어갈 수 있다. 이 방식은 단계적으로 일을 처리할 때도 효과적이다. 복잡해 보이는 것도 단정하게 분류한 뒤 쉬운 것부터 해결하면 훨씬 신속하게 처리할 수 있다. 버거운 일일수록 '좌우봉원'의 자세로 일의 근원을 들여다보자.

좌우봉원 : 왼쪽 좌左 | 오른쪽 우右 | 만날 봉逢 | 근원 원源

가까이에 있는 사물이 학문의 원천이 된다는 말로, 모든 일을 순조롭게 해결할 수 있는 방법으로 해석 가능하다.
유래 : 《맹자孟子》〈이루하離婁下〉

四字疏通

6장 / 백년기업으로
나아가야 할 때

조령모개朝令暮改 우유구화迂儒救火 일국삼공一國三公 풍림화산風林火山 일고작기一鼓作氣

병문졸속兵聞拙速 방모두단房謀杜斷 노마지지老馬之智 화씨지벽和氏之璧 남전생옥藍田生玉

구맹주산狗猛酒酸 여도지죄餘桃之罪 종선여류從善如流 대공무사大公無私 약팽소선若烹小鮮

자아작고自我作古 선입지어先入之語

조령모개 朝令暮改

언제나
한결같은 것이
최고는
아니다

전한 시대 문제文帝가 통치하던 시절, 흉노족은 자주 변방에 쳐들어와 약탈을 자행했다. 모든 재상들이 이를 해결하려 나섰지만, 증병할 여유도 없었던 데다 군대를 파병한다 해도 지속적으로 군량미를 댈 수 있는 상황이 아니었다. 결국 백성들 스스로가 이를 해결하는 수밖에 없었다. 왕은 해결책으로 변방에 사는 백성들에게 부역의 명령을 내렸는데, 이는 또 다른 문제를 낳았다. 부역과 농사를 병행하다 보니 자연히 식량이 부족해졌다. 그러자 왕은 또 다른 명령을 내렸다. 변방에 사는 백성들 중 식량을 보내는 이에게 벼슬을 내리기로 한 것이다. 당시 어사대부였던 조조는 이러한 상황 자체가 총체적인 난국으로 느껴졌다. 법령이 생겼다 없어지고, 하루만에 제도들이 바뀌다 보니 백성들의 시름은 깊어만 갔다. 결국 조조는 조정에 상소를 올렸다.

"지금 농가의 부역은 너무도 과중합니다. 가족이 5명이면 2명 정도는 늘 부역에 나서야 하는 상황입니다. 그 결과 경작을 해서 수확할 수 있는 양이 현저하게 줄었습니다. 관청을 수리하거나 매번 다른 부역에 불려나가는 등 1년 내내 쉴 날이 없는 것도 사실입니다. 심지어 일정한 시간도 정해져 있지 않아서 아침에 받은 명령인데, 저녁에 시정해야 하는 경우도 많습니다."

조조의 상소에 등장하는 고사성어가 바로 조령모개다. 정부의 일관성 없는 정책과 과중한 부역이 백성들에게 적지 않은 피해를 미친다는 내용이었다.

사실 '조령모개'라는 말은 지금껏 일관성 없는 명령과 지시, 혹은 말 바꾸기를 지적하는 부정적인 의미로 쓰여왔다. 그런데 이 말의 이면에 숨은 다른 의미를 조명한 사람이 바로 윤종용 삼성전자 고문이다. 그는 2010년에 〈하버드 비즈니스 리뷰Harvard Business Review〉가 선정한 '세계에서 가장 성과가 좋은 최고경영자'에 2위로 선정되기도 했다. 1위가 애플의 스티브 잡스였다는 사실만으로도 윤 고문이 보여준 성과가 어느 정도인지 알 수 있을 것이다. 특히 그는 삼성전자 CEO를 거치며 전자업계의 견고한 성역이었던 일본의 소니를 완전히 꺾고 삼성전자를 업계 1위로 올려놓았다. 그는 2010년 2월 〈조선일보〉와의 인터뷰에서 조령모개의 색다른 가치를 밝혔다.

"반도체 생산라인 하나를 신설하는 데 1년 정도가 걸립니다. 그런데 계획서대로 진행하다 6개월 뒤에 멈춘 적도 있어요. 그런 일이 자주 반복되니까 밑에서 일하는 사람들은 익숙해져 있습니다.

하지만 생산라인 건설을 담당하는 삼성물산 쪽에선 난감해했죠. CEO가 지시를 자주 바꾸면 '조령모개'라는 말을 하기도 합니다만, 상황이 변하고 과거의 지시가 틀렸다고 느껴지면 그에 맞춰 곧장 지시를 바꾸는 것도 중요합니다. 마쓰시다 고노스케도 '조령모개'에 유연하게 적응했다고 들었습니다."

물론 신념이나 믿음이라는 측면에서는 '일관성'이라는 가치가 중요할 것이다. 하지만 시시각각 변하는 상황에 대처해야 하는 기업에게 일관성은 '속도를 반영하지 못하는 구시대적 커뮤니케이션'이 될 수도 있다. 삼성물산에서는 당황스러웠을지 몰라도 반도체 산업의 특성을 고려한다면 이처럼 발빠른 의사결정이 오늘날 '삼성반도체의 신화'를 이룩한 배경일 것이다.

일본에서 '경영의 신'으로까지 불리는 마쓰시다 고노스케 역시 '조령모개'에 능숙했다는 사실은 조직에서 유연한 의사결정이 얼마나 중요한지를 보여준다. 일관성에 집착하다가는 앞으로 나아가기는커녕 정체된 조직에 머물기 쉽다. 조령모개는 격변의 시대에서 자신의 신념과 가치를 어떻게 시대와 융화시킬지에 대한 해답이 되어줄 것이다.

조령모개 : 아침 조朝 | 법 령令 | 저녁 모暮 | 고칠 개改

아침에 내린 명령을 저녁에 고친다는 말로, 여기서는 시대의 변화에 순발력 있게 대처하기 위해 조직이나 개인이 갖춰야 할 자세로 해석된다.
유래 : 《사기》〈평준서平準書〉

때로는 원칙을 버릴 줄 알아야 한다,

우유구화 迂儒救火

조나라 시절 성양감이라는 사람의 집에 불이 났다. 지붕에 붙은 불을 끄려면 사다리가 필요했는데 공교롭게도 집에 사다리가 없었다. 성양감은 아들 성양뉵('뉵'은 모자라다는 뜻)에게 옆집에 가서 빨리 사다리를 빌려오라 일렀다. 그런데 일분일초를 다투는 긴박한 상황임에도 그는 의관을 차려입고 이웃집을 찾아가 세 번의 읍을 하고 방으로 들어갔다. 옆집 주인은 갑작스러운 이웃의 방문에 즐거워 술상을 내왔고, 성양뉵 역시 예를 갖춰 주인에게 술을 올렸다. 이야기를 주고받던 중에 이웃이 물었다.

"그런데 선생께서 이렇게 저희 집에 찾아오신 데는 무슨 이유가 있을 텐데, 어인 일이신지요."

성양뉵이 말했다.

"저희 집 지붕에 불이 붙었습니다. 지붕에 물을 뿌려야 하는데 안타깝게도 저희 집에 사다리가 없습니다. 그래서 지금 모두들 발만 동동 구르며 울부짖고 있습니다. 듣자하니 귀댁에 사다리가 있다고 하던데 빌려주실 수 있을지 모르겠습니다."

놀란 이웃이 사다리를 들고 곧장 달려갔지만, 이미 집은 다 타버린 후였다.

'속도전'은 속도가 모든 것을 결정짓는 싸움을 말한다. 기업의 의사결정 또한 속도전의 양상을 띨 때가 많다. 그럴 경우 속도를 방해하는 다른 것은 포기해야 한다. 어리석은 성양뉵이 불을 끌 수 없었던 것처럼, 형식과 겉치레에 얽매이는 리더는 결코 제대로 된 경영을 할 수 없을 것이다.

우유구화 : 멀 우迂 | 선비 유儒 | 구할 구救 | 불 화火

어리석은 선비가 불을 끈다는 말로, 다급한 상황에서도 원리원칙만 따지다 일을 그르치는 어리석음을 뜻한다. 형식에 얽매이다 진정 중요한 것을 놓칠 수 있음을 경고하고 있다.

유래 : 고대 중국 우화

의사결정의 통로는 '하나'여야 한다,

일국삼공一國三公

춘추시대 진나라의 헌공獻公은 여희라는 여인을 두 번째 부인으로 맞았다. 그런데 여희는 자신이 낳은 아들을 후계자로 만들기 위해 다른 아들들을 모함했다. 결국 태자인 신생은 자살을 했고, 나머지 두 아들인 중이와 이오는 각기 다른 곳으로 피신해버렸다. 헌공은 사위라는 신하에게 자신의 두 아들을 위한 성을 쌓게 했다. 하지만 명령을 받은 사위는 일을 진행하는 동안 난감한 적이 한두 번이 아니었다. 일을 시키는 이들의 명령이 각기 달랐기 때문이다. 결국 결과물은 땔나무로 만든 엉성한 성이 되어버렸다. 헌공이 사위를 불러 꾸짖자 그는 자신의 복잡한 심경을 이렇게 표현했다.

"한 나라에 3명의 공公이 있으니 대체 내가 누구를 따라야 한단 말인가!"

3명의 공이란 헌공과 두 아들인 중이, 그리고 이오였다. 이 사람의 말을 따르자니 저 사람이 신경 쓰이고, 이것을 하자니 저것이 마음에 걸린다는 한탄이었다.

지시하는 사람이 많거나 잣대로 삼아야 할 원칙들이 많으면 구성원들의 실행력은 떨어질 수밖에 없다. 사위 역시 애초부터 땔나무로 성을 쌓고자 했던 건 아니었다.

의사결정을 최대한 빨리 현장에 반영하려면, '직행로'를 통해 거침없이 실행에 적용되어야 한다. 아무리 빠른 의사결정을 내려도 정작 현실에 써먹지 못하면 아무런 의미가 없기 때문이다.

일국삼공 : 한 일一 | 나라 국國 | 석 삼三 | 공변될 공公

한 나라에 삼공이 있다는 말로, 많은 사람이 의견을 제시하여 누구의 말을 들어야 할지 모르는 상황을 의미한다.
유래 : 《좌씨전》

풍風
림林
화火
산山

바람처럼,
숲처럼, 불처럼,
그리고
산처럼

《손자병법》의 〈군쟁편〉에서는 전쟁에서 기선을 제압해 승리하는 방법에 대해 다음과 같이 말하고 있다.

"병법은 적을 속이고 우리 편의 이익을 추구하며 움직이는 것이다. 때에 따라 병력을 나누기도 하고 합치기도 하면서 변화를 꾀해야 한다. 따라서 군사를 움직일 때는 질풍처럼 날쌔야 하고, 나아가지 않을 때는 숲처럼 고요해야 한다. 적을 칠 때는 불이 번지듯 맹렬해야 하며, 적의 공격으로부터 스스로를 지킬 때는 산처럼 묵직하게 움직이지 않아야 한다. 또 숨을 때는 검은 구름에 가린 별처럼 행동해야 하지만, 일단 군사를 움직이면 벼락이 치듯 신속하게 행동해야 한다. 우회할 것인지, 아니면 공격할 것인지를 먼저 아는 자가 결국 승리하게 된다. 이것이 군사를 가지고 싸우는 방법이다."

이종휘 전前 우리은행장은 지난 2010년 1월, '우리은행 창립 111
주년 기념식'에서 한 해의 캐치프레이즈로 '풍림화산'을 내걸었다.
움직일 때는 바람처럼 빠르게, 머무를 때는 숲처럼 고요하게, 공격
할 때는 불처럼 맹렬하게, 지킬 때는 산처럼 묵묵해야 한다는 뜻이
다. 당시 풍림화산은 2008년부터 2009년까지 진행된 우리은행의
환골탈태에 가장 중요한 역할을 했다고 해도 과언이 아닐 것이다.
결국 이 은행장은 '풍림화산'의 자세를 통해 코너에 몰려 있던 우
리은행의 경영실적을 바꿔놓을 수 있었다.

　이 행장이 취임하기 전인 2008년, 우리은행은 사실상 최악의 상
황에 처해 있었다. 부채담보부증권과 신용부도스와프에서 손실이
났고, 그 금액은 무려 1조 6,000억 원에 달했다. 하지만 이 행장이
취임한 후 2009년에만 9,538억 원이라는 은행권 최고의 순이익을
올렸다. 이 놀라운 대반전은 당시 금융업계에서조차 있을 수 없는
일이 벌어졌다는 찬사를 이끌어냈다.

　이 드라마틱하면서 놀라운 반전의 이면에는 바로 '풍림화산'이
라는 전략이 버티고 있었다. 과연 1년 동안 우리은행에 어떤 일이
일어났던 것일까.

　우선 우리은행은 신속한 구조조정을 통해 조직을 강하게 만들었
고, 부담스러웠던 파생상품에 대한 투자액을 손실 처리해 깨끗하
게 털어냈다. 더불어 국내 금융사의 인수합병보다 은행, 카드 등과
의 균형성장을 추진해 숲과 같은 안정감을 꾀했다. 한편 해외진출
은 불같이 맹렬하게 진행했다. 미국 한미은행을 인수하고 인도 첸
나이에 지점을 설립하는가 하면 브라질 상파울루에도 현지법인을
세웠다. 마지막으로 명예퇴직한 지점장들을 재취업시키는 데 많은

노력을 기울였다. 산처럼 든든하게 조직을 지키겠다는 전략의 일환이었다.

이 풍림화산은 일견 행동지침에 가까워 보이지만, 깊이 들여다보면 일과 조직에서의 탁월한 경영전략임을 알 수 있다. 일은 빠르게 진행하고, 기업의 영향력은 맹렬하게 확산시키고, 성장을 꾀할 때는 안정감을 추구하되 구성원들의 동요를 방지하며 조직을 든든하게 지켜나가라는 것이다.

풍림화산 : 바람 풍風 | 수풀 림林 | 불 화火 | 뫼 산山

'바람처럼 빠르게, 숲처럼 고요하게, 불길처럼 맹렬하게, 산처럼 묵직하게'라는 말로 여기서는 상황이나 위기에 따라 조직을 적절하게 운영하는 경영철학으로 해석된다.

유래 : 《손자병법》

앞으로 나아갈 '타이밍'을 놓치지 마라,
일고작기—鼓作氣

춘추시대 제나라와 노나라는 서로를 침략하지 않기로 맹약을 맺었지만, 제나라가 이를 먼저 어기고 침략해왔다. 이에 노나라의 장수 장공과 조귀는 장작이라는 지역에서 반격을 준비했다. 장공이 군사들의 진격을 위해 북을 두드리려는데, 갑자기 조귀가 나섰다.

"아직 이릅니다!"

조귀는 제나라의 북소리가 세 번이 울리기를 기다린 후 그때서야 말했다.

"이제 공격을 해도 되겠습니다. 북을 치십시오!"

장공이 북을 세차게 두드리자 병사들은 사기가 올라 단번에 진격해 들어갔고, 그 기세를 감당하지 못한 제나라 군사들은 모두 도망치고 말았다. 싸움이 끝난 후 장공이 조귀에게 북을 나중에 치자고 한 이유를 물었더니 조귀는 이렇게 말했다.

"무릇 전쟁이란 병사들의 사기에 의존하는 것입니다. 사기는 북을 처음 울릴 때 가장 왕성하고, 두 번째 울릴 때 조금 쇠퇴하며, 세 번째 울릴 때면 이미 수그러들어버립니다. 적군은 세 번째 북을 모두 두드렸고 아군은 첫 번째 북을 울렸으니 사기가 왕성해 이길 수 있었던 것입니다."

풍림화산이 조직의 경영철학에 대한 이야기라면, 일고작기는 앞으로 나아갈 타이밍에 관한 내용이다. 대부분 타이밍을 정할 때는 객관적인 요인을 바탕으로 생각한다. 지금의 상황이 자신에게 얼마나 유리한지를 보고 타이밍을 결정하는 것이다. 하지만 그것만으로는 부족하다. 최적의 타이밍은 구성원들의 사기가 최고조에 달해 있을 때다. 잦은 진퇴로 공격의 힘을 빼기보다, 단 한 번의 명령으로 치명적인 공격을 할 수 있는 타이밍을 노려야 할 것이다.

일고작기 : 한 일一 | 북 고鼓 | 지을 작作 | 기운 기氣

한 번의 북을 두드려 사기를 진작시킨다는 뜻으로, 기세를 몰아 일을 단숨에 처리하는 자세를 의미한다.
유래 : 《좌씨전》

지구전이 유리한가 속도전이 유리한가,

병문졸속兵聞拙速

《손자병법》에서는 지구전과 속전속결에 대해 다음과 같이 말한다.

"수천 대의 수레와 수십 만의 병사, 그리고 엄청난 식량이 필요한 대규모 전쟁을 장기간 이끌어가는 것은 엄청난 비용이 소모된다. 전쟁에서 승리한다 해도 군사들은 지칠 수밖에 없다. 사기가 저하된 상황에서는 공격해봤자 실패를 낳을 뿐이다. 게다가 주변 국가들이 호시탐탐 노리고 있기 때문에 아무리 천재적인 전략가나 정치가라 해도 사태를 수습하기 힘들어진다."

상대를 먼저 공격하는 것이 일견 유리해 보일지는 몰라도, 실제로는 더 많은 이익을 얻기 위한 위험한 투자와 같다. 병문졸속은 이러한 리스크를 잘 지적하고 있다. 물론 좌절하거나 낙담하지 않고 끝까지 싸워 대승을 거둘 수도 있다. 문제는 그때까지 어떻게 견디느냐는 것이다. 지구전도 속전속결도 각각의 단점이 있겠지만, 위험을 감수해야 한다는 면에서는 지구전이 불리한 것도 사실이다. '일고작기'의 기세로 적절한 공격 타이밍을 잡는 것 못지않게 싸움을 언제 끝낼지에 대한 기준을 정하는 것도 중요하다.

병문졸속 : 병사 병兵 | 들을 문聞 | 못날 졸拙 | 빠를 속速

> 졸렬해도 전쟁은 빨리 끝내야 한다는 말로, 질질 끄는 싸움일수록 피해가 크다는 사실을 지적하고 있다.
> 유래 : 《손자병법》〈작전편作戰篇〉

평범한
인재로
비범한 조직을
만들어라

방房
모謀
두杜
단斷

당나라를 세우기까지 큰 공을 세운 2명의 명재상이 있었으니 바로 방현령房玄齡과 두여회杜如晦라는 이들이었다. 세간에서는 이 둘을 줄여 '방두'라고 불렀는데, 훗날 이 말은 '훌륭한 관리'의 대명사처럼 쓰였다. 그렇다고 두 사람이 모두 완벽한 재상은 아니었다. 오히려 제각기 뚜렷한 단점을 가지고 있었다.

방현령은 10대 때부터 또래들에게서는 찾아보기 힘든 통찰력을 갖춘 수재였다. 그는 훗날 당태종이 된 이세민에게 발탁된 이후 거의 모든 전장에 빠지지 않고 출정했다. 특히 계획이나 지략을 짜는 일에 대단히 탁월한 능력을 보였다. 장수들이 진기한 전리품을 놓고 서로 다툴 때면 뛰어난 인물을 초대해 이야기를 듣게 한 후, 그들과 인간적인 결속을 맺게 하여 전리품 문제를 해결했다. 결속을 다질 때마다 장수들은 방현령에게 목숨을 바쳐 충성할 것을 맹세

했다. 이세민은 방현령을 이렇게 평했다.

"광무제가 등우를 얻고 나서 휘하의 사람들이 더욱 화목해졌다는 말이 있는데, 지금 내게 현령이 있으니 마치 등우를 얻은 광무제와 같구나!"

하지만 그러한 방현령에게도 부족한 것이 있었으니 바로 결단력이었다. 방현령은 두여회보다 여섯 살이나 나이가 많았지만 늘 결단을 내려야 하는 순간에는 한발 물러나곤 했다. 회의에서 무언가 결정을 내려야 할 때면 방현령은 늘 이렇게 말했다.

"여회가 오기 전에는 결정을 내릴 수 없습니다."

따라서 방현령의 지략과 계획은 반드시 두여회의 결단을 거친 후, 최종적으로 당 태종의 재가를 받고 실행되었다. 물론 두여회도 부족한 점이 없지는 않았다. 무언가를 계획하고 지략을 짜는 부분에서는 방현령보다 눈에 띄게 미흡했다. 방현령과 두여회, 이 둘은 서로 부족한 것을 채워주었기에 결국 둘이 하나가 되어 '천하의 명재상'이 될 수 있었다.

민유성 전前 산은금융그룹 회장은 2010년 신년사에서 전 직원을 상대로 '방모두단'의 정신을 강조했다. 그는 신년사에서 이렇게 말했다.

"저마다 가진 특색과 장점이 서로 조화를 이루어야 일의 완성도가 높아진다는 '방모두단'처럼, 우리 산은금융그룹은 계열사의 단순 합이 아닌 승수乘數의 경제, 온전히 융합된 그룹의 시너지를 통해 경쟁우위를 확보할 것입니다."

민 회장은 '방모두단'을 투입 대비 몇 배의 결과를 산출하는 '승수의 경제'로 보았다.

　한편 그에게 방모두단은 인재운용의 전략이기도 했다. 민 회장은 금융계에서 큰 거래를 성사시키는 '메가 딜mega deal의 승부사'로 불렸다. 경력만 보자면 직원들은 가까이 다가가기 어려울 것처럼 보인다. 하지만 평소 그는 친근한 성격과 남다른 친화력으로 유명하다. 회사에서 마주치는 경비원이나 청소 아주머니들에게 늘 먼저 인사를 건네는가 하면, 여의도 선상카페에서 가진 사원들과의 만남에서는 넥타이를 머리에 두르고 '망가지는' 모습을 보여주기도 했다. 산업은행장으로 부임한 후에는 100일 만에 직급을 망라하고 800여 명의 직원들을 모두 만났다. 하루에 8명 꼴로 만난 셈이다. 금융은 돈을 다루는 업종이지만 결국 돈을 다루는 것도 사람이다. 결국 그는 사람을 모으고 그들로부터 힘을 얻는 '방모두단'이 얼마나 중요한지를 몸소 보여준 셈이다.

　인재가 부족하다, 혹은 인재가 없다는 말을 많이 한다. 그렇다면 '방모두단'에서 답을 찾아보자. 한 사람의 능력이 부족하면 다른 이의 능력으로 부족한 부분을 채우고, 누군가의 단점은 또 다른 이의 장점으로 메우면 된다.

　물론 이렇게 채우고 메우는 과정에서는 리더의 역할이 대단히 중요하다. 혼자 빛나려 하기보다 스스로 조직의 바닥으로 내려가 모두의 능력을 모아서 합칠 수 있어야 한다. 이것이 없는 인재도 만들어내는 방법이자, 평범한 인재로 비범한 조직을 완성시키는 비결이다.

방모두단 : 방 방房 | 꾀할 모謀 | 팥배나무 두杜 | 끊을 단斷

> 방현령의 지모와 두여회의 결단력이라는 뜻으로, 저마다 지닌 특색과 장점
> 이 조화를 이룰 때 일이 잘 해결될 수 있음을 비유하는 말이다. 여기서는
> 조직에서 새로운 인재를 만들어내는 방법으로 해석된다.
> 유래 : 《구당서舊唐書》

사람은 누구나 자기만의 재주를 갖고 있다,

노마지지老馬之智

춘추시대 제나라 환공 때의 일이다. 어느 해 봄 그는 재상 관중과
대부 습붕을 대동하고 고죽국을 정벌하러 떠났다. 그런데 예상보
다 전쟁이 길어져 겨울이 되어서야 전쟁이 끝나게 되었다. 혹독한
추위에서 살아남기 위해서는 최대한 빠른 시간 내에 귀국하는 것
이 관건이었다. 설상가상으로 혹한을 피해 빨리 돌아오는 길을 찾
다 길까지 잃고 말았다. 모두들 진퇴양난의 상황에서 우왕좌왕하
고 있는데, 관중이 나섰다.

"지금은 늙은 말의 지혜가 필요할 때입니다."

늙은 말 한 마리를 자유롭게 풀어놓고 그 뒤를 따라가자 얼마 지
나지 않아 큰 길이 나와 위기를 모면할 수 있었다. 그다음에는 산
길을 행군하다 물이 떨어져 군사들이 갈증에 시달렸다. 그러자 습
붕이 말했다.

"이럴 때는 개미가 필요합니다. 흙이 한 치쯤 쌓인 개미집이 있
으면 그 아래 물이 있을 것입니다."

군사들이 서둘러 개미집을 찾아 밑을 파보니 그의 말대로 과연 샘물이 흐르고 있었다.

젊고 패기 넘치는 사람들만이 인재는 아니다. 인재의 본질은 특정한 문제를 해결할 능력을 가진 사람이다. 설령 그가 힘없는 말이나 보잘것없는 개미처럼 보일지라도 반드시 어떤 면에서는 문제해결 능력을 갖추고 있을 것이다. 지금 힘이 없어 보인다는 이유로 그들을 무시하지 마라. 어려운 위기 앞에서 언젠가는 그들의 지혜를 구할 날이 있을 것이므로.

노마지지 : 늙을 노老 | 말 마馬 | 어조사 지之 | 슬기 지智

늙은 말의 지혜라는 뜻으로 아무리 하찮은 것이라도 저마다 장기나 장점을 지니고 있음을 의미한다.

유래 : 《한비자韓非子》〈세림說林 · 상편〉

재능을 알아보기는 어려운 법이다, 화씨지벽和氏之璧

전국시대 초나라에 옥을 감정하는 화씨和氏라는 이가 살고 있었다. 그는 어느 날 산에서 진귀한 옥돌을 발견해 이를 여왕厲王에게 바쳤다. 여왕은 혹시나 하는 마음에 다른 감정사에게 옥을 감정토록 했다. 며칠 뒤 감정을 끝마친 감정사가 왕에게 말했다.

"폐하, 이는 그저 평범한 돌에 불과합니다. 왜 이를 두고 옥이라 하는지 도저히 이해가 되지 않습니다."

이에 격분한 여왕은 화씨를 불러다 왼쪽 발을 잘랐다. 그 후 여왕이 죽고 무왕武王이 즉위하자 화씨는 무왕에게도 그 옥돌을 바쳤다. 무왕 역시 다른 감정사를 불렀는데, 이번에도 똑같은 결과가 나왔다. 이번에는 화씨의 오른쪽 발이 잘려져 나갔다. 무왕이 죽자 문왕文王이 왕위에 올랐다. 화씨는 그 옥돌을 끌어안고 밤낮을 울었고 결국 눈에서 피가 흐르기 시작했다. 이 소문을 들은 문왕이 그를 불러 물었다.

"세상에 발을 잘리는 형벌은 흔하디흔한 것인데, 왜 그리 슬피 우는가?"

화씨가 대답했다.

"저는 저의 발이 잘려서 우는 것이 아닙니다. 천하의 명옥을 그냥 보통 돌이라 하고 곧은 선비에게 벌을 준 것이 비통할 따름입니다."

문왕이 그 돌을 다듬게 했더니 천하에 둘도 없는 명옥이 모습을 드러냈다. 왕은 그 명옥에 화씨의 이름을 따서 '화씨지벽'이라는 이름을 붙여주었다.

뛰어난 인재는 알아보는 사람의 것이다. 누군가를 인재라 부르는 순간, 그 인재를 자신의 사람으로 만들기는 어렵지 않다. 누가 먼저 알아보느냐, 그리고 어떻게 그를 잘 키워나가느냐가 진정 인재를 얻는 방법이다. 알려지지 않은 인재라 무시하지 마라. 그들이 이름을 날린 후에는 당신을 무시할 수 있으므로.

화씨지벽 : 화할 화和 l 성 씨氏 l 어조사 지之 l 둥근옥 벽璧

화씨의 구슬이라는 뜻으로, 어떤 것이 알려지는 데는 어려움이 따름을 뜻
한다. 여기서는 뛰어난 인재를 얻는 어려움에 대해 말하고 있다.

유래 : 《한비자》〈화씨편和氏篇〉

인재가 나오는 조직으로 만들어라, 남전생옥藍田生玉

제갈공명의 형인 제갈근에게는 제갈각이라는 아들이 있었다. 제갈
각은 어려서부터 기지가 남달랐으며, 임기응변에도 상당히 뛰어났
다. 언젠가 제갈각이 아버지 제갈근을 따라 조정의 연회에 참석했
을 때였다. 손권은 일부러 당나귀 한 마리를 끌고 와 머리에 제갈
근의 별명인 '제갈자유諸葛子瑜'를 써넣었다. 당나귀를 닮은 제갈
근을 놀리려는 장난이었다. 그러자 제갈각은 아무런 표정 변화 없
이 손권에게 붓을 청해 그 뒤에 '지려之驢'라는 두 글자를 써 넣었
다. '제갈근'에서 '제갈근의 당나귀'로 뜻을 바꿔버린 것이다. 이
에 감탄한 손권은 그 자리에서 당나귀를 제갈각에게 하사했다.

또 한 번은 손권이 제갈각에게 이렇게 물었다.

"너희 아버지 제갈근과 숙부인 제갈공명 중 누가 더 똑똑하다고
생각하는가?"

"명군을 얻은 아버지께서 더 현명하다고 생각합니다."

제갈공명이 섬기는 유비보다 제갈근이 섬기는 손권이 명군이라
는 이야기였다. 이에 손권은 뛸 듯이 기뻐하며 제갈각의 뛰어남에
대해 제갈근에게 이렇게 평했다.

"남전에서 옥이 난다고 하더니, 정말 헛된 말이 아닌가 봅니다."

남전은 예로부터 빼어난 옥의 산지로 유명한 곳으로, 명문에서 현자가 태어남을 칭송하는 손권의 비유였다.

구성원의 성과가 나쁘다고 그들을 탓할 수만은 없다. 그 성과는 결국 조직 안에서 길러진 것이기 때문이다. 옥이 나지 않는 거친 밭이라면, 지금부터라도 남전으로 바꾸는 노력을 시작하면 될 일이다.

남전생옥 : 쪽 남藍 | 밭 전田 | 날 생生 | 구슬 옥玉

남전이 옥을 산출하는 산지로 유명하듯, 같은 가문에서 태어난 부자父子의 현명함을 칭송할 때 쓰는 말이다.

유래 : 《삼국지》〈오서吳書 · 제갈각전諸葛恪傳〉

회사가 즐겁다고
고객도
즐거운 것은
아니다

狗
猛
酒
酸

구
맹
주
산

송나라 사람 중에 술을 빚어 파는 자가 있었다. 그는 술 빚는 재주가 뛰어났을뿐더러 성품도 좋고 친절하기까지 했다. 또한 정직해서 손님에게 술의 양을 속이는 일도 없었다. 그런데 희한하게도 술을 사러오는 이들이 그리 많지 않았다. 열심히 만들어놓은 술이 쉬어서 버려야 했던 적이 한두 번이 아니었다. 경제적으로 점점 어려워지자 마음에도 그늘이 지기 시작했다. 그는 아무리 고민해봐도 그 이유를 알 수 없었다. 도저히 의문을 풀 길이 없었던 그는 마을 어른 양천을 찾아가 자신의 고민을 털어놓았다.

"혹시 제게 뭔가 문제라도 있습니까? 맛좋은 술을 정직하고 친절하게 파는데도 도무지 사러오는 사람이 없습니다."

그의 고민을 들은 양천은 이렇게 물었다.

"혹시 집에 개가 있소?"

"개가 있긴 하지만, 그것이 매출과 어떤 관련이 있습니까?"

양천이 다시 물었다.

"혹시 그 개의 성격이 사납지는 않습니까. 술을 사러 오는 손님들을 향해 짖거나 물지 않느냐는 말이오."

"네, 가끔씩 포악해져서 손님들에게 그렇긴 합니다만."

양천은 그제야 이유를 알았다는 표정이었다.

"그렇다면 매상이 낮은 이유는 그 개 때문이오. 사나운 개를 두려워한 손님들이 아예 술을 사러오지 않는 것이오."

이우희 전前 에스원 사장은 '구맹주산'을 주제로 칼럼을 기고한 바 있다. 에스원의 시스템 경비사업이야말로 구성원들의 심성이 가장 중요한 사업일 것이다. 경비원들은 헌신적이고 용기가 있어야 하며 고객을 보호하겠다는 의지가 누구보다 강해야 한다. 구맹주산이라는 말이 이우희 전 사장에게 와 닿은 데는 그러한 이유가 있었던 것이다.

사실 구성원의 '심성'은 에스원과 같은 시스템 경비업체는 물론, 고객을 직접 대면하는 모든 조직에서 대단히 중요하다. 한때 많은 기업에서 '펀Fun 경영'을 도입한 것도 이 때문이다. 그런데 '펀 경영'도 궁극적으로는 고객과 이어져야 한다. 구성원 혹은 자신들끼리만 편하고 재미있어봐야 아무런 의미가 없다. 그것은 그저 즐거운 회사생활일 뿐이다.

술집 주인은 자신이 만든 술이 최고라 자부했다. 사나운 개도 주인을 물지는 않았으니 둘의 관계도 원만했다. 그런데 문제는 고객이 그렇지 않았다는 점이다. 주인이 모르는 사이에 개는 고객을 향해 사납게 짖어댔고, 이는 훌륭한 제품이나 조직의 유쾌함을 의미 없는 것으로 만들어버렸다.

조직의 심성을 바꾸는 경영을 하되, 과연 그것이 자기들끼리만 재미있는 것인지, 고객들에게 잘 전달되고 있는지는 반드시 확인해야 할 부분이다. 즐거움만 강조하지 말고 실제 즐거울 수 있는 환경을 만드는 것은 중요하다. 구성원들이 즐겁다고 고객도 반드시 즐거운 것은 아니듯, 리더가 즐겁다고 해서 모든 구성원들이 즐거운 것은 아니다. 즐거움을 강요하는 것만큼이나 괴로운 일도 없다.

구맹주산 : 개 구狗 | 사나울 맹猛 | 술 주酒 | 쉴 산酸

개가 사나우면 술이 쉰다는 말로, 아무리 재주가 뛰어나도 내면에 '사나운 개'가 있으면 실력도 쉬어빠진 술처럼 없어지고 만다는 뜻이다.

유래 : 《한비자》〈외저설우外儲說右〉

고객 앞에서는 항상 조심하고 삼가라,

여도지죄餘桃之罪

위나라에 왕의 총애를 받던 미자하라는 소년이 있었다. 어느 날 소년은 모친이 병에 걸렸다는 소식을 듣고 허락도 받지 않은 채 왕의 수레를 타고 몰래 집에 다녀왔다. 이는 두 발이 잘리는 형벌에 처해지는 중대한 죄였지만, 왕은 이 사실을 알고는 이렇게 말했다.

"효성이 참으로 지극하도다. 내가 상을 내려 그를 칭찬하리라."

언젠가는 미자하가 복숭아를 먹다 너무 맛이 좋다며 반쯤 먹은 복숭아를 왕에게 내밀었다. 복숭아를 받아든 왕의 얼굴에는 미소가 가득했다.

"그 맛있는 복숭아를 다 먹지 않고 내게 주다니, 너의 사랑을 짐작할 만하구나."

하지만 사랑과 총애는 영원할 수 없는 법. 상황이 달라지면 과거의 사실도 다르게 보이기 마련이다. 훗날 미자하가 사소한 일로 왕의 심기를 건드리자 왕은 이렇게 말했다.

"이놈은 본래 성품이 나쁜 놈이다. 왕인 나 몰래 수레를 훔쳐 타기도 했고, 먹다 남은 복숭아를 준 적도 있지 않은가."

기업이 가장 경계해야 할 것은 '고객'에 대한 긴장이 느슨해지는 것이다. 한번 찾아준 고객이라고 영원한 '충성고객'이 되지는 않는다. 언제나 조심하고 최고의 가치를 전하려 노력하지 않는다면, 마음이 바뀐 고객에게 내침을 당하게 될 것이다. 고객은 기업을 존재하게 만드는 원천적인 힘이자 직원들에게 월급을 주는 사람이다. 그러한 고객을 제대로 대접하지 않다가는 결국 미자하가 왕에게 내침을 당한 것처럼, 언젠가는 소리 없이 고객의 신뢰를 잃게 될 것이다.

여도지죄 : 남을 여餘 | 복숭아 도桃 | 어조사 지之 | 죄 죄罪

같은 행동이라도 상황에 따라 다르게 느껴짐을 뜻하는 말. 여기서는 고객을 대할 때 빈틈을 보이지 않는 신중한 자세로 해석한다.
유래 : 《한비자》〈세난편說難篇〉

한 치의
망설임도 없이
실행하라

종선여류 從善如流

춘추시대 말, 초나라는 채나라와 동맹을 맺고 있었고 정나라는 진나라와 한편이었다. 그런데 초나라가 점점 강해지더니 결국에는 주변국을 침략하기 시작했다. 첫 번째 타깃은 정나라. 정나라는 힘한번 써보지도 못한 채 크게 패하여 동맹국에게 도움을 요청해왔다. 이에 진나라의 난서가 동맹국인 정나라를 구하기 위해 군대를 몰고 나섰다.

이 소식을 들은 초나라는 결국 물러설 수밖에 없었다. 초나라의 세력이 강해졌다고는 해도, 진나라가 여전히 가장 막강했기 때문이다. 출정했던 진나라의 난서로서는 좀 맥이 빠지는 일이었기에, 기왕 출정한 김에 초나라와 동맹을 맺고 있던 채나라로 공격해 들어갔다. 그러자 이번에는 다급해진 채나라가 또다시 초나라에게 구원을 요청했다. 결국 난서는 초나라와 채나라의 동맹군을 상대해야 하는 입장에 서게 되었다. 애초 초나라만 공격하려 했던 것에서 판이 다소 커지기는 했지만 굳이 거부할 싸움은 아니었다. 난서가 거느리던 총 11명의 장군 중 대부분이 출정을 서둘렀으나 유독 지知, 범范, 한韓이라는 세 장군만이 출정을 반대하고 나섰다.

"이번 전투에 나서서는 안 됩니다. 설사 우리가 이기더라도 원래 목표했던 초나라 군사는 일부에 불과하니 큰 명예가 될 수 없습니다. 오히려 패배할 경우에 받게 될 타격이 어마어마합니다. 저희 진나라의 큰 수치가 될 것입니다."

그들의 주장이 옳다고 여긴 난서는 즉각 병사들에게 철수를 명령했다. 그런데 난서의 이러한 결정 또한 불만을 낳을 수밖에 없었다. 출정을 주장했던 장군들이 강한 불만을 내비쳤다.

"어찌하여 11명의 장군 중 고작 3명이 주장한 의견을 따르십니까!"

하지만 난서의 의지는 변하지 않았다.

"비록 소수의 의견이라도 올바른 것은 반드시 따라야 한다. 저 세 사람은 현자이니 그 말이 틀림없을 것이다."

그로부터 2년을 조용히 기다린 뒤. 난서는 초나라가 방심한 틈을 타 초나라의 동맹국이었던 채나라와 심나라를 공격해 큰 성공을 거두었다. 훗날 많은 이들이 난서의 종선여류는 위대하다며 칭찬을 아끼지 않았다. 종선여류는 물이 낮은 곳으로 흐르듯 올바른 것임을 알았으면 지체없이 따르는 것을 말한다.

중소기업경영자문단 노기호 공동대표(전前 LG화학 대표이사 겸 사장)의 좌우명이 바로 이 '종선여류'다. 그는 LG에 공채로 입사해

CEO의 자리에 오른, '샐러리맨 성공신화'의 대표적인 인물이다. 그가 최고경영자에 오를 수 있었던 데는 끈질긴 근성과 승부사 기질이 무엇보다 큰 역할을 했다. 노조와 문제가 생겼을 때는 직접 나서서 담판을 지었는가 하면, 첩보작전을 방불케 하는 방식으로 공장을 설립한 적도 있었다. 이처럼 강하고 다이내믹한 그의 좌우명치고는 '종선여류'가 다소 약하게 느껴질 수도 있을 것이다.

하지만 그는 무엇보다 '실행력'을 중요시하는 실천 중심적인 리더다. 그는 평소 "아무리 좋은 전략과 전술을 가진 기업이라도 구슬을 꿰어 보배를 만드는 실행력이 없다면 이류, 삼류에 머무를 수밖에 없다"고 강조하곤 했다. 결국 그가 말하는 종선여류는 '물 흐르듯 자연스럽게 가라'는 원래 의미보다 '가장 정확한 목표를 향해 거침없이 달려가라'는 의미가 더 강할 것이다. 그가 해왔던 일의 방식이 이를 증명하고 있다.

'종선여류'를 실천하는 과정에서 유의해야 할 것은 무조건 다수의 의견에만 집착하지 않는 것이다. 사실 승부사는 저돌적이고 독단적인 기질을 갖추고 있으며, 삼류들의 간섭에 전혀 개의치 않는다. 나머지 8명의 의견을 묵살한 채 단 3명의 조언만 가지고 과감하게 결정을 내린 난서 역시 타고난 승부사가 아니었을까.

다수결은 정치적인 의사결정을 위한 하나의 방법일 뿐이다. 민주적일 수는 있어도 비즈니스의 성공을 보장하는 시스템은 될 수 없다. 의사결정 시 구성원들의 의견이나 다른 이들의 견해를 참고해야 하겠지만, 행여 '삼류들의 다수결'에 빠지지 않도록 경계해야 할 것이다.

삼류들의 불만을 잠재우는 법, 대공무사大公無私

춘추시대 진나라 평공이 남양의 현공 자리에 누구를 앉힐지 고민하
다 기황양이라는 신하를 불러 물었다. 기황양이 단숨에 대답했다.

"그런 자리라면 해호가 적합합니다. 분명 맡은 임무를 훌륭하게
해낼 것입니다."

하지만 그의 답변에 평공은 깜짝 놀랐다. 기황양과 해호는 평소
앙숙이었기 때문이다. 의아한 평공이 다시 물었다.

"해호와 자네는 원수지간이 아닌가. 혹시 해호를 추천한 다른 이
유라도 있는가?"

"왕께서 지금 제게 적당한 현령을 추천해달라고 하셨지 제가 누
구와 원수인지를 물으신 것은 아니지 않습니까?"

얼마 후 다시 평공이 기황양을 불렀다.

"조정에 법을 집행할 사람이 긴급하게 필요한데, 누구를 그 자
리에 앉히면 좋겠는가?"

그는 주저하지 않고 자신의 아들인 기오를 추천했다. 평공은 또
다시 의아할 수밖에 없었다.

"왕께서는 그 일의 적임자가 누구인지 물으신 것이지, 제 아들이 누구인지를 물으신 것이 아니지 않습니까?"

실제 관직에 오른 기오는 모든 일을 공명정대하게 처리했다.

일류의 독단적인 결정이 삼류들의 불만을 잠재우고 빛을 발하려면 반드시 염두에 두어야 할 것이 있다. 바로 자신의 감정을 개입시키지 않는 공명정대함이다. 자신의 감정이나 타인과의 관계는 완전히 배제한 상태에서 오로지 목표에만 초점을 맞춰야 한다. 원수에 대한 감정이나 아들에 대한 애정조차 완벽히 지울 수 있을 때, 진정 일류다운 결정을 내릴 수 있을 것이고, 가장 최선의 결과를 얻게 될 것이다.

대공무사 : 큰 대大 | 공변될 공公 | 없을 무無 | 사사로울 사私

'공公'이라는 글자는 본래 '사私'를 나눈다는 뜻에서 비롯되었다. 대공무사는 사사로운 감정에 얽매이지 않고 객관적인 입장에서 공명정대하게 행동하는 것을 말한다.

유래 : 《십팔사략十八史略》

결정은 과감하게, 행동은 신중하게, 약팽소선若烹小鮮

노자의 《도덕경》은 나라를 다스리는 리더의 행동원칙에 대해 이렇게 말하고 있다.

"큰 나라를 다스릴 때는 작은 생선을 굽는 것과 같이 하라."

승부사의 기질과 과감한 실행력을 바탕으로 일을 추진할 때 가장 주의해야 할 점이 있다면, 일이 일사천리로 진행될 거라는 자신감일 것이다. 이는 '생선 굽는 자의 성급함'을 낳는다. 생선을 빨리 구워야겠다고 마음먹은 사람은 불의 세기를 키우고 빨리빨리 뒤집으며 생선을 익히려 한다. 하지만 이는 생선 굽는 방법을 무시한 처사다. 작은 생선일수록 자주 뒤집지 않고 작은 불에서 은근히 익혀야 살점이 떨어지지 않아서 나중에 먹을 것이 많다. 이러한 현실성을 배제한 채 자신의 의도만 관철시키려 들면, 결국 여기저기 흩어진 생선 부스러기들만 남게 된다. 일을 주도하는 데는 과감한 실행력과 결단력도 필요하겠지만, 실제 업무에서는 상황이 무르익기를 기다릴 줄도 알아야 한다. 생선이 익으려면 적절한 온도의 불이 필요하듯, 담당자들 역시 목표를 향해 의지를 모으고 조율하는 '발열'의 시간이 필요하다. 결정은 과감하게 내리더라도, 목표를 이루기 위해서는 당신의 예상보다 정리하고 챙기고 관리해야 할 것들이 많다는 사실을 기억하라.

약팽소선 : 같을 약若 | 삶을 팽烹 | 작을 소小 | 생선 선鮮

생선을 자주 뒤집으면 먹을 것이 없다는 뜻으로, 무턱대고 나서기보다 가만히 지켜보는 것이 좋음을 비유하는 말이다.
유래 : 《도덕경》

스스로
선례를
만들어라

자 自
아 我
작 作
고 古

당나라 고종은 황손인 중조를 황태손으로 세우고, 그를 위한 부府를 따로 둔 후 그것도 모자라 관원까지 배치하려 했다. 하지만 이는 전혀 전례가 없던 일이었기에 신하들의 반발을 샀다. 그중에서도 고위 관직에 있었던 왕방경이 고종에게 진언을 올렸다.

"황태자가 있는 상태에서 황태손을 앞세우는 것은 전례가 없는 일입니다. 지금 황태손을 내세우시는 것은 이치에 맞지 않사옵니다."

그러자 고종이 말했다.

"옛 것의 전례가 뭐 그리 중요한가. 지금 내가 하고 있는 일을 '옛 것'으로 삼으면 되지 않는가?"

왕방경은 이에 딱히 다른 반론을 제기하지 못하고 물러섰다.

2010년 초 최시중 방송통신위원장은 스마트 시대를 선도하자는 신년사를 발표하며 '자아작고'를 언급했다. 최 위원장은 "스마트 시대의 도래 등 급변하는 방송통신 환경에서 선도적인 위치를 유지하기 위해서는 기존 방식에 얽매이지 않는 유연하고 창의적인 사고를 기반으로 한 새로운 도약이 필요하다. 옛 것에 구애됨이 없이 스스로 새로운 것을 만들어내자는 뜻의 '자아작고'를 통해 새로운 미래를 열어나가자"고 말했다.

그에게 '자아작고'는 빠르게 변화하는 방송환경을 반영하는 말이다. 특히 스마트폰, 태블릿 PC, 스마트 TV 등 새로운 기기의 등장과 삶의 패러다임이 변하는 지금의 상황은 '과거에는 없던 새로운 시대의 도래'라 할 수 있다. 과거에는 없었던 기준과 잣대, 새로운 사고방식이 필요한 것은 두말할 필요도 없다.

왕방경이든 고종이든 과거에 전례가 없었다는 전제에는 모두 동의했다. 하지만 왕방경은 '그러니까 해서는 안 된다'고 한 반면, 고종은 '그러니까 하면 되지 않느냐'고 했다. 이 말로 고종은 자신의 결단을 드러낸 것이다. 내가 기준이 되고, 내가 책임질 것이며, 내 판단을 밀고 나갈 것이라는 이야기다.

물론 과거는 늘 살펴보아야 하고, 판단의 잣대로 삼아야 한다. 특히 실패한 경험일수록 철저히 학습해 반복되지 않도록 조심해야 한다. 하지만 모든 가능성마저 과거의 경험에 의존한다면, 그것은 신중함이 아니라 소심한 어리석음이 될 뿐이다. 과거 속에 자신을 숨기지 말고, 당신 스스로가 중심이 돼라. 스스로가 선례이자 기준이 된다고 생각하라. 그것이 미래의 격차를 불러올 것이다.

자아작고 : 스스로 자自 | 나 아我 | 지을 작作 | 옛 고古

　　내 스스로 선례가 된다는 뜻으로, 여기서는 새로운 미래를 어떻게 받아들
　　이고 무엇을 잣대로 판단할 것인지에 대한 기준으로 해석된다.
　　유래 : 《구당서》

먼저 말한 것이 항상 옳은 것은 아니다,

선입지어先入之語

전한 시대 12대왕이었던 애재왕이 나라를 다스리던 시절이었다. 당시는 변방의 흉노족들이 호시탐탐 침략을 노리며 불안감을 고조시키곤 했다. 이때 평소 뛰어난 언변으로 사교에 능했던 식부궁이라는 신하가 다음과 같은 상소를 올렸다.

　"흉노족이 반드시 한나라를 쳐들어올 것이니 하루 빨리 군대를 변방으로 옮겨야 할 것입니다."

　그의 말이 일리가 있다고 생각한 애재왕은 승상이었던 왕가를 불러 군대의 재배치 문제를 논의했다. 하지만 왕가의 의견은 전혀 달랐다.

　"식부궁의 말은 터무니없는 헛소문에 불과합니다. 그런 소문에 흔들리지 마시고 전하를 위하는 신들의 말을 들으셔야 합니다. 귀에 먼저 들어온 말이 반드시 옳은 것은 아닙니다."

　얼마 지나지 않아 식부궁의 말은 거짓으로 드러났고 그는 감옥에서 일생을 마감해야 했다.

중요한 사안을 결정할 때 먼저 수렴한 의견이나 평소의 고정관념 때문에 새로운 의견을 받아들이지 않는 경우가 종종 있다. 이때 리더가 모든 이들의 의견을 객관적으로 수용하는 자세야말로, 보다 나은 조직으로 도약하는 토대가 되어줄 것이다.

선입지어 : 먼저 선先 | 들 입入 | 어조사 지之 | 말씀 어語

먼저 들은 이야기로 생긴 고정관념 때문에 새로운 의견을 받아들이지 않는 것을 뜻한다. 여기서는 더 나은 조직으로 발전하기 위해 경계해야 할 자세로 해석하고 있다.

유래 : 《한서》

四字疏通

7장　실패를 딛고
일어서야 할 때

반구저기反求諸己　타면자건唾面自乾　전거후공前倨後恭　매사마골買死馬骨　천만매린千萬買隣

검려지기黔驢之技　승풍파랑乘風破浪　미도지반迷途知返　강노지말强弩之末　와신상담臥薪嘗膽

개관사정蓋棺事定　해옹호구海翁好鷗　질풍경초疾風勁草　삼호망진三戶亡秦　계명구도鷄鳴狗盜

반反구求저諸기己

잘못은 당신 스스로에게 있다

우임금이 하夏나라를 다스릴 무렵이었다. 제후 중 한 명이었던 유호씨有扈氏가 군사를 일으켜 하나라로 침략해 들어왔다. 우임금은 아들 백계白啓에게 맞서 싸울 것을 명했다. 백계는 대규모 군사를 일으켜 유호씨에게 대항했지만 결과는 참패로 끝나고 말았다. 백계는 자신의 패배를 인정했지만 군사들은 그렇지 못했다.

"저희는 패배를 인정하지 못하겠습니다. 장군님, 한 번만 더 싸울 수 있도록 해주십시오."

하지만 백계의 생각은 달랐다.

"우리는 유호씨의 군사보다 그 수도 적지 않았고 근거지 역시 탄탄했다. 그럼에도 전투에서 진 것은 나의 덕행이 부족했고, 부하를 훈련시키는 방법이 그보다 강하지 못했기 때문이다. 이제부터는 나의 잘못을 고치는 데 집중할 것이다. 더 이상 전투는 없다."

그 후 백계의 생활은 많이 달라졌다. 그는 매일 일찍 일어나 예전보다 부지런히 군사 훈련에 매진했다. 또한 백성들과 품격 있는 사람들을 아끼는 정치를 펼쳤다. 이렇게 1년이 지나자 유호씨는 더 이상 침범해오지 않았다. 백계가 올바르고 훌륭하게 백성을 돌보고 있음을 알았기 때문이다. 결국 그는 백계의 뜻에 탄복해 하나라로 귀순해왔다. 맹자는 이와 관련해 다음과 같이 말했다.

"행하여도 얻지 못하거든 자기 자신에게서 잘못을 구할 것이니, 자신의 몸이 바르면 천하가 돌아올 것이다."

2009년 말 금융감독원 김종창 전前 원장은 어느 심포지엄에서 '반구저기'라는 말로 은행권의 반성을 촉구했다. 그는 "지난 1년간 우리 경제가 불안했던 것은 외부의 영향이 크지만, 내부의 잘못도 만만치 않다. 이번이야말로 우리 경제의 잘못된 부분을 개선하는 기회가 될 것이다"고 말했다.

한때 프로야구 구단인 기아 타이거즈에서는 사무실, 감독실, 코치실, 심지어 선수들의 라커에까지 '반구저기'라고 쓴 액자를 줄줄이 걸어놓았다. 기아는 2005년부터 2007년까지 구단 역사상 최악의 실적을 기록했다. 이를 보다 못한 구단주가 '문책성 액자(?)'를 내려보낸 것이다.

반구저기는 모든 문제의 최종적인 원인이 자신에게 있음을 인정하는 태도다. 하지만 이를 생활의 지침으로 삼으라고 할 경우 불만이 불거질 수도 있다. 실패의 원인이 자신이 아닌 다른 사람이나 다른 상황에 있을 때다. 일을 하다 보면 예상치 못했던 돌발변수나 경쟁자들의 방해공작이 계획을 망칠 때도 있기 마련. 그럼에도 '모든 문제의 원인을 자신에게서 찾으라'고 하면 좀 억울한 기분이 들기도 한다. '그래, 뭐 따져보면 그것도 내 잘못이긴 하지'라는 말은 할 수 있겠지만, 마음 한구석에 남아 있는 억울함까지 삭이기는 힘들다. 게다가 무조건 원인을 자신에게서만 찾는다면, 상황을 객관적으로 분석하지 못해 차후 발생할 문제를 대비하는 데 소홀해지기 쉽다. 그렇다면 반구저기는 우리에게 '반쪽짜리 지혜'밖에 주지 못하는 것일까?

사실 반구저기의 진정한 의미는 자신에게서 실패의 원인을 찾는 것 외에도 '나를 바라보는 다른 사람'을 변화시키는 것이다. 앞선 이야기의 핵심은 백계가 '모든 책임은 나에게 있다'며 깨끗하게 패배를 인정한 다음부터다. 백계는 스스로 예전보다 더욱 올바르게 생활했고, 그로 인해 백계의 적이었던 유호씨마저 감동시켰다. 자신을 반성하고 갈고닦은 것뿐인데, 적군의 마음까지 얻은 것이다.

맹자가 '내 몸이 바르면 천하가 돌아온다'고 말한 이유가 바로 이것이다. 천하를 돌려놓기 위해 각별히 애쓰지 않아도, 내 몸이 바르면 천하는 돌아오게 되어 있다. 당신의 실패로 잃어버린 타인들의 마음을 다시 사로잡는 방법이기도 하다.

반구저기 : 돌이킬 반反 | 구할 구求 | 지어 저諸 | 몸 기己

잘못을 자신에게서 찾는다는 말로, 어떤 일이 잘못되었을 때 남의 탓으로 돌리지 않고 자신의 문제를 개선한다는 뜻이다. 실패한 사람들이 타인의 마음을 다시 얻기 위해 취해야 할 태도이기도 하다.
유래 : 《맹자》

잘못을 인정할 땐 깨끗이 인정하라, 타면자건唾面自乾

당나라의 유능한 신하 중에 누사덕婁師德이라는 사람이 있었다. 그는 온화하고 너그러운 성품을 갖고 있었으며, 다른 이들이 무례하게 대해도 개의치 않았다. 언젠가는 그의 동생이 관직에 임명되자 이렇게 물었다.

"우리 형제가 모두 황제의 총애를 받는 것은 무척 기쁜 일이다. 하지만 그만큼 남들의 시기를 받게 될 것이다. 시기를 받지 않으려면 어떻게 해야 한다고 생각하느냐."

"남들이 제 얼굴에 침을 뱉는다 해도 상관하지 않고 잠자코 닦을 것입니다. 모든 일을 그렇게 처리하면 형님에게도 폐가 되지 않을 것 같습니다."

그러자 누사덕은 동생의 말에 덧붙였다.

"누군가 네게 침을 뱉었다는 것은 네게 화가 났다는 것이다. 그런데 그 침을 네가 닦아내버리면 오히려 상대의 기분을 거스를 수 있다. 침 같은 건 닦지 않아도 자연히 말라버리는 것 아니겠느냐."

자신의 잘못을 인정하더라도 욕을 먹거나 질타를 듣는다면 마음 한구석으로는 언짢을 것이다. 하지만 누사덕은 그래도 참으라고 말한다. 얼굴에 묻은 침을 닦는 것은 어떤 의미에서는 자신의 잘못을 인정하지 않는 태도처럼 보일 수 있다. 잘못을 인정할 때는 여지를 남기지 말고 깨끗히 인정하라. 얼굴의 침이 말라버리듯 욕과 질타도 언젠가는 사라지게 될 것이다.

타면자건 : 침 타唾 | 낯 면面 | 스스로 자自 | 마를 건乾

남이 내 얼굴에 침을 뱉으면 그것이 저절로 마를 때까지 기다린다는 뜻으로, 올바른 처세를 위해서는 인내가 필요함을 비유하는 말이다.

유래 : 《십팔사략十八史略》

세상의 인심을 어찌 할 수 있겠는가, 전거후공前倨後恭

《사기》의 〈소진열전蘇秦列傳〉에 나오는 이야기다. 낙양 출신의 소진이라는 사람이 제나라에 가서 자신을 가르쳐줄 스승을 찾았는데, 결국 귀곡자라는 이에게서 학문을 배우게 되었다. 하지만 학문을 하는 수년 동안 그는 곤궁한 처지를 벗어나지 못했다. 그러자 형제들과 형수는 물론, 아내조차 소진을 비웃으며 이렇게 말했다.

"본업은 버리고 혀를 놀리는 데만 몰두했으니 가난한 것이 당연하지 않은가요?"

소진은 이 말을 듣고 부끄럽고 한심한 생각이 들어 방에 틀어박혀버렸다. 그 후 그는 우연히 한 권의 병서兵書를 탐독하게 되었고, 그 과정에서 사람들을 설득하는 비범한 방법을 깨달았다. 훗날 그는 6개의 나라를 묶는 합종 전략을 제안했는데, 그것이 성공해 여섯 나라의 재상에 오를 수 있었다. 자신의 고향이었던 낙양을 지나갈 때의 행렬은 호화롭기가 임금의 행차와 다름이 없을 정도였다. 그의 형제와 친척, 아내도 그곳에 있었지만 감히 곁눈질도 하지 못했다. 소진이 물었다.

"예전에는 그렇게 거만하더니 지금 이렇게 공손한 것은 무슨 이유입니까?"

형수가 넙죽 엎드리며 사과를 했다.

"지위가 높고 재산이 많기 때문입니다."

소진이 탄식했다.

"똑같은 사람을 두고 일가친척도 재산이 있으면 두려워하고 재산이 없으면 업신여기니, 하물며 세상 사람들이야 어떻겠는가!"

소진은 그 자리에서 자신의 재물을 가족과 친구들에게 나누어주었다.

안타깝지만 수천 년이 지난 지금도 세상은 마찬가지다. 실패했을 때는 당신을 업신여길지 몰라도, 당신이 다시 일어서는 순간 세상은 당신을 두려워할 것이다. 결국 지금의 패배를 극복하는 방법은 멋지게 부활하는 것밖에 없다. 그렇다고 과거에 당신을 욕했던 자들을 미워하지는 말라. 소진은 탄식하면서도 재물을 나누어주지 않았던가. 멋지게 성공해 당신을 욕했던 그들을 돕는 것이야말로 진정한 복수이자 용기일 것이다.

전거후공 : 앞 前前 | 거만할 거倨 | 뒤 後後 | 공손할 공恭

전에는 거만했는데 나중에는 공손하다는 뜻으로, 상대가 처한 상황에 따라 태도가 변하는 것을 비유한다.
유래 : 《사기》

매 買
사 死
마 馬
골 骨

패배의
기운을
투자로
몰아내라

연나라의 소왕은 자신의 아버지를 죽인 제나라에 복수하고 싶어 했다. 하지만 그러한 계책을 세우고 실행할 만한 인재가 없는 것이 문제였다. 소왕은 고민 끝에 스승인 곽외를 찾아가 고민을 털어놓았다. 그러자 곽외는 느닷없이 천리마 이야기를 꺼냈다.

"옛날에 어떤 임금이 천리마를 구하려고 많은 노력을 기울였습니다. 하지만 임금은 몇 년이 지나도록 자신의 소원을 이루지 못했습니다. 그런데 왕의 고민을 알게 된 어느 하급관리가 왕에게 이렇게 말했습니다.

'전하, 저에게 1,000금만 주시면 반드시 천리마를 사오도록 하겠습니다.'

왕은 하급관리가 자신을 속일 리 있겠나 싶어 선뜻 돈을 내주었습니다. 관리는 길을 떠났고 왕은 천리마가 도착하기만을 손꼽아

기다렸습니다. 드디어 하급관리가 왕의 앞에 나타나 큰 보따리 하나를 풀어놓았습니다. 그런데 그 안에는 죽은 천리마의 머리가 담겨 있었습니다. 더욱 왕을 화나게 한 것은 천리마의 머리를 무려 500금이나 주고 사왔다는 것입니다. 왕이 불같이 화를 내자 그 관리는 이렇게 말했습니다.

'전하, 천리마는 워낙 귀한 말이기 때문에 모든 이들이 천리마를 집안에 꼭꼭 숨겨놓고 내놓으려 하질 않았습니다. 그런데 '죽은 천리마를 500금이나 주고 샀다'는 소문이 돌게 되면 진짜 살아 있는 천리마를 가진 사람들이 가만히 있겠습니까. 조금만 기다리시면 천리마를 가진 이들이 전하 앞에 줄을 설 것입니다.'

과연 얼마 지나지 않아 꼭꼭 숨어 있었던 천리마의 주인들이 하나둘씩 나타나기 시작했습니다."

곽외의 이야기가 끝나자 이를 흥미롭게 듣고 있던 소왕이 물었다.

"그럼 내가 어찌 해야 제나라를 응징할 인재를 얻을 수 있단 말인가?"

곽외가 대답했다.

"전하, 먼저 저를 500금에 사십시오. 그러면 천하의 인재들이 이 소문을 듣고 앞다투어 전하에게 달려올 것입니다. 마치 천리마를 가진 이들이 달려온 것처럼 말입니다."

소왕이 곽외의 말대로 하자 시대의 인재로 추앙받던 악의, 추연과 같은 인물들이 소왕 뵙기를 청해왔다. 소왕은 그들과 함께 나라를 일으키는 것은 물론, 제나라에 대한 원수도 갚을 수 있었다.

최경환 전前 지식경제부 장관은 2010년 한국의 '10대 핵심소재 사업단 출범투자 협약식'에서 '매사마골'의 지혜를 꼽았다. 최 장관은 "매사마골은 죽은 말의 뼈를 산다는 뜻으로, 귀중한 것을 손에 넣으려면 먼저 공을 들여야 한다"고 말했다.

한편 '매사마골'에서 좀 더 주의 깊게 고찰해야 할 대목은 바로 '첫 번째 투자의 중요성'이다. 하급관리가 왕으로부터 받은 돈으로 했던 첫 번째 투자는 '500금으로 죽은 천리마 사기'였다. 곽외가 소왕에게 권했던 첫 번째 투자 역시 500금으로 자신을 사라는 것이었다. 그 결과 죽은 천리마는 산 천리마를 불러들였고, 곽외는 당시 출중한 인재로 소문났던 악의와 추연을 불러들였다. 사람들을 움직인 것은 '저 사람이 저런 것에도 투자하는데, 다른 것에는 과연 얼마나 많이 투자하겠어?'라는 기대심리였다.

위기에 빠진 조직과 침체된 자신을 일으키려면, 사람들의 기대심리를 불러일으키는 '첫 번째 투자'를 활용할 필요가 있다. 조직의 경우라면 모두의 관심을 집중시키고 분위기를 환기시키는 투자를 통해 기대심리를 불러일으킬 수 있을 것이고, 개인이라면 가장 흥미로운 분야에 스스로 투자함으로써 침체된 마음에 활기를 불어넣을 수 있을 것이다.

패배의 기운이 당신의 어깨를 짓누르고 있는가? 당신의 조직을 침울하게 만들고 있는가? 그렇다면 의도적인 '첫 번째 투자'를 시작해보자. 기대심리로 다시 불붙은 열정은 새로운 희망을 낳을 것이고, 그 새로운 희망은 또 다른 성공을 싹 틔울 소중한 종자돈이 되어줄 것이다.

매사마골 : 살 매買 | 죽을 사死 | 말 마馬 | 뼈 골骨

> 죽은 말의 뼈를 산다는 말로, 귀중한 것을 얻기 위해서는 먼저 공을 들여야 한다는 뜻이다. 여기서는 침체된 조직을 일으키기 위해 과감한 투자가 중요하다는 내용으로 해석했다.
>
> 유래 : 《전국책》〈연책燕策〉

마지막 투자 대상은 '사람'이다, 천만매린千萬買隣

남북조 시대의 고위급 관리였던 송계아는 어느덧 정년이 되어 은퇴를 앞두고 있었다. 고향으로 내려가야 했으니 새로운 집이 필요한 것은 당연한 일. 그가 고르고 고른 집은 여승진이라는 학자의 바로 옆집이었다. 여승진의 가문은 훌륭한 집안으로 일대에 소문이 자자했으며, 여승진은 천성이 부지런하고 친절해 남들과 다투는 일이 없었다. 그의 집안사람들 역시 모두 품행이 단정했으며, 아랫사람을 대할 때도 늘 온화하고 인자한 모습을 보여주었다.

송계아가 이사를 마치자 옆집의 여승진이 찾아와 물었다.

"그런데 이 집은 얼마를 주고 사셨습니까?"

"1,100만 냥을 주었습니다."

여승진이 깜짝 놀랐다.

"이 집은 100만 냥이면 충분히 살 수 있을 텐데, 지나치게 비싸게 주고 사신 것 같습니다."

"1,100만 냥 중에서 집값이 100만 냥이고, 이웃을 사는 값이 1,000만 냥입니다."

여승진은 속으로 다시 한 번 깜짝 놀라 그에게 극진한 대접을 아끼지 않았다.

투자의 대상에는 여러 가지가 있을 것이다. 첫 번째 투자는 대개 흥미와 관심을 불러일으키는 것이기 쉽다. 하지만 무엇보다 중요한 투자의 원칙은, 최종적으로는 '사람'을 향한 투자여야 한다는 점이다. 송계아가 집값의 10배나 되는 돈을 지불하고도 아깝지 않았던 것은, 사람으로부터 얻을 수 있는 기운과 영향이 얼마나 큰지를 잘 알고 있었기 때문이다.

천만매린 : 일천 천千 | 일만 만萬 | 살 매買 | 이웃 린隣

1,000만 금으로 이웃을 산다는 뜻으로, 사람으로부터 얻는 기운과 영향의 중요성을 강조하는 말이다.

유래 : 《남사南史》

보잘것없는 재주를 밑천 삼지 마라, 검려지기黔驢之技

옛날 중국의 검주 지역에는 당나귀라는 동물이 없었다. 그런데 어떤 호기심 많은 이가 당나귀 한 마리를 배로 실어와 산 아래 풀어놓고 키우기 시작했다. 주변을 어슬렁거리던 호랑이가 이 당나귀를 보았다. 그런데 호랑이 역시 당나귀를 본 적이 없었으므로 섣불리 접근하지 못하고 숲속에서 가만히 지켜보았다. 당나귀가 하늘을 보며 울자, 호랑이는 자신을 잡아먹으려는 줄 알고 황급히 도망쳤다. 하지만 며칠이 지나도 당나귀는 그저 울기만 할 뿐이었다. 그 후 호랑이는 주변을 어슬렁거리며 당나귀를 귀찮게 해보았다. 당나귀가 뒷발질을 하자 호랑이는 또다시 깜짝 놀라 달아났다. 그러나 며칠 동안 비슷한 행동을 해도 당나귀는 그저 발길질만 할 뿐, 더 이상 아무것도 하지 못했다. 그러자 호랑이는 순식간에 당나귀를 덮쳐 잡아먹고 말았다.

투자를 시작했으면 성과를 거둬야 하는 것은 당연하다. 비록 그것이 소소한 것이어도 상관없다. 첫 번째 투자로 패배의 기운을 걷어냈다면, 이제 그것을 새로운 활기로 바꿔야 한다. 그러기 위해서는 눈에 보이는 성과를 거둘 필요가 있다. 처음에야 당나귀의 울음과 헛발질이 호랑이를 두렵게 했을 것이다. 하지만 더 이상의 무언가가 나오지 않자 당나귀의 '바닥'이 드러났고, 결국 당나귀는 호랑이에게 잡아먹히는 신세가 되었다. 투자가 성과로 이어질 수 있게끔 계획하고, 그것이 모두에게 보이도록 만들어라. 그렇지 않으면 또다시 패배의 기운이라는 호랑이가 당신을 잡아먹을 것이다.

검려지기 : 검을 검黔 ㅣ 당나귀 려驢 ㅣ 어조사 지之 ㅣ 재주 기技

검주에 사는 당나귀의 재주라는 말로, 보잘것없는 기량으로 남들의 비웃음을 사는 상황을 뜻한다.
유래 : 《삼계三戒》

승乘
풍風
파破
랑浪

약진은
위험한
칼날 위에서만
이루어진다

남북조 시대의 송나라 사람이었던 종각은 어려서부터 뛰어난 무예 실력을 자랑했다. 열네 살의 나이에 10명의 떼강도를 물리친 적이 있을 만큼 그 당당한 기세와 용기는 하늘을 찔렀다. 한번은 송나라가 지금의 베트남인 임읍을 정벌하기 위해 나섰을 때였다. 종각은 부관으로 원정길에 합류했는데, 송나라 군사들은 임읍에 도착하자마자 크게 당황할 수밖에 없었다. 임읍의 왕이 코끼리 떼를 앞세워 공격해온 것이다. 이제껏 사람하고만 싸워봤지 자기보다 수십 배는 더 큰 동물들과 싸워본 적 없는 송나라 군사들로서는 도저히 감당하기 힘들었다. 이때 바로 종각이 나섰다.

"저에게 묘책이 있습니다. 코끼리가 가장 무서워하는 것은 사자입니다."

"그러면 지금 사자라도 잡아오자는 이야기인가?"

"그게 아닙니다. 우리의 병사들을 사자처럼 꾸며서 코끼리 떼 앞에서 춤을 추게 하는 것입니다. 이렇게 하면 코끼리 떼는 우리를 사자로 생각해 겁을 먹을 수밖에 없을 것입니다."

군사들은 종각의 말에 따라 진용을 짜서 사자 흉내를 내며 춤을 추었다. 그러자 코끼리 떼는 놀라 달아나버렸고 사기가 오른 송나라 군대는 임읍의 병사들을 물리칠 수 있었다. 종각의 뛰어난 지혜와 기개는 많은 사람들 사이에서 관심의 대상이 되었다. 그의 숙부인 종병은 종각에 큰 애정을 품고 있었기에, 그가 장차 어떤 인물이 되고 싶은지가 무척 궁금했다.

"종각아, 너는 장차 커서 무엇이 되고 싶냐?"

그러자 종각은 숙부의 마음을 뻥 뚫리게 하는 힘찬 기개로 대답했다.

"거센 바람을 타고, 만 리의 거센 물결을 헤쳐나가고 싶습니다."

숙부는 종각의 말에 탄복하지 않을 수 없었다.

한국투자신탁운용의 정찬형 대표이사는 2011년의 경영전략으로 '승풍파랑'을 꼽았다. 2010년 국내의 투신운용사들은 무려 23조 원의 막대한 자금이 빠져나가는 상황에서 혹독한 시간을 보내야만 했다. 하지만 유독 그 가운데에서도 한국투신만큼은 5조 원 이상의 설정액 증가로 자존심을 지켰다. 국내 운용사 중에서도 탁월한 성과를 냈다는 평가였다. 정 사장은 한국투신의 미래에 대해 다음과 같이 말했다.

"일신우일신 승풍파랑의 자세로 국내운용은 물론 글로벌 운용 능력도 강화해 아시아 최고의 운용사로 도약하려 한다. 외부 평가에 우쭐해 자만에 빠지기보다 매일매일 새롭게 노력하고 준비하는 자세로 임할 것이다."

국내를 넘어 해외 시장으로 진출한다는 것은 더 큰 파도와 맞서겠다는 의미다. 승풍파랑은 바람의 힘을 타고 거친 물살을 헤쳐나가는 크고 왕성한 기개를 뜻한다.

그런데 승풍파랑에서 '바람과 물결'은 두 가지 의미를 갖는다. 바람은 배를 앞으로 나아가게도 하지만 침몰시킬 수도 있고, 파도 역시 빠른 전진을 가능케 하지만 그곳에 빠지면 죽음에 이르게 된다. 남보다 더 빨리, 더 멀리 나가기 위해 '위험한 칼날'인 줄 알면서도 누구나 그 위에 설 수밖에 없는 것이다.

그런데 칼날 위에 서기 싫어하는 사람들이 늘 하는 말이 있다. '그렇게까지 할 필요가 있어?'와 '그건 좀 무리가 아닐까'라는 말이다. 바람과 파도를 타는 '무리한 일'을 하지 않아도 배는 바다 위에 떠 있을 것이고, 노를 저으면 앞으로 나아갈 수 있으니 바람과 파도가 필요 없어 보일 수도 있을 것이다. 그러나 바람과 파도를 이용한 배와는 엄청난 격차가 날 수밖에 없다. 때로는 필요 없어 보이는 일도 해야 하고, 무리한 일일수록 오히려 반드시 해야 할 때도 있다. 이것이 남들과는 한 차원 다른 결과를 낳는 지름길이 아니겠는가.

승풍파랑 : 탈 승乘 | 바람 풍風 | 깰 파破 | 물결 랑浪

> 바람을 타고 물결을 헤쳐나간다는 뜻으로, 어떠한 역경을 뚫고서라도 더 큰 세상으로 나아가려는 자들의 도전정신으로 해석 가능하다.
> 유래 : 《송서宋書》, 〈종각전宗慤傳〉

과감히 되돌아가는 것도 약진이다, 미도지반迷途知返

중국의 남북조 시대, 진백지라는 자가 남제南齊의 강주 자사를 맡고 있었다. 그는 남조南朝 양나라의 무제가 쳐들어와 남제가 멸망한 후에도 투항하여 강주 자사의 관직을 유지하였다. 그러나 마음속으로는 양나라에 승복하지 않았다. 승복하기는커녕 북조北朝로 돌아가 평남장군이라는 관직을 맡아 양나라에 대항해왔다.

양나라의 무제는 동생 임천왕에게 북벌을 명하였고, 양나라의 군대는 안휘성 일대에서 진백지의 군대와 맞섰다. 임천왕은 불필요한 군사적 충돌로 인한 손해를 막기 위해 진백지에게 투항을 권고하는 글을 보냈다.

'길을 잃었다면 되돌아볼 줄 알아야 하는 것이 성현들의 뜻이고, 길을 잘못 들었어도 멀리 가기 전에 다시 돌아오는 것은 옛 경전에서 높이 사는 바이다.'

이 편지를 읽고 감동한 진백지는 더 이상 양나라에 저항하지 않고 군대를 철수해 돌아갔다고 전해진다.

승풍파랑은 약진과 돌격의 정신이지만 자칫 열정이 지나치면 일을 그르치기 쉽다. 드높은 열정의 기세가 자신의 발자취를 보지 못하고 잘못된 길로 이끌 수도 있기 때문이다. 차라리 천천히 걸어가는 중이었다면 되돌아가기나 쉬울 텐데, 바람과 물살을 가르며 빠르게 약진하던 도중에 되돌아가기란 쉽지 않다.

미도지반은 승풍파랑의 부족한 면을 보완해준다. 앞으로 힘차게 나아가는 중에도 잘못했다는 판단이 들면, 뒤돌아보지 말고 자신의 잘못을 개선하면 된다. 양나라를 공격하고자 했던 진백지도 자신의 잘못을 깨닫고는, 바로 군대를 철수하지 않았는가. 앞으로 나아가는 것만이 승풍파랑이 아니라, 주저 없이 방향을 돌리는 것도 또 다른 의미의 승풍파랑이다.

미도지반 : 미혹할 미迷 | 길 도途 | 알 지知 | 돌이킬 반返

길을 잘못 들어섰다 돌아선다는 뜻으로, 실수를 뉘우치고 다시 고치려는 자세를 말한다.

유래 : 《남사》

힘이 떨어질 그때를 대비하라, 강노지말强弩之末

한나라의 유방은 흉노를 정벌하기 위해 전쟁을 벌였다가 포위당하는 위급한 상황에 처하고 말았다. 다행히도 신하 진평이 묘책을 내어 간신히 포위망을 벗어날 수 있었다. 그 후부터 유방은 흉노와 정치적 약속을 맺고 해마다 공물을 보냈다. 그런데 흉노족들은 무제 때부터 다시 평화조약을 깨고 침범해오곤 했다. 무제는 이들을 무력으로 응징하고자 회의를 소집했다. 이때 어사대부 한안국이 무력응징을 반대하고 나섰다.

"강한 쇠뇌(활의 일종)에서 힘차게 날아간 화살도 결국에는 힘이 떨어져 노나라에서 만든 얇은 비단조차 뚫을 수 없을 정도가 되고 맙니다. 아무리 우리의 군사력이 강하다 해도 원정이 길어지면 군사력이 쇠퇴하기 마련입니다."

승풍파랑의 자세에서 잊지 말아야 할 것은 힘을 비축해두는 신중함이다. 열정과 기개만 앞세워 지나치게 초반에 힘을 쏟아부으면 나중에 탈진할 수 있기 때문이다. 실패와 좌절에서 벗어나려는 사람일수록 '나중에 쓸 힘'을 아껴두는 지혜가 필요하다.

강노지말 : 굳셀 강强 | 쇠뇌 노弩 | 어조사 지之 | 끝 말末

강한 화살도 나중에는 힘이 떨어진다는 말로, 아무리 세력이 강하다 해도 쇠퇴를 거스를 수 없음을 비유하고 있다.

유래 : 《한서》

와臥
신薪
상嘗
담膽

화려함 뒤에 존재하는 고통을 잊지 마라

중국 춘추전국시대 오나라와 월나라 간의 싸움에서 전해지는 고사성어다. 오나라의 왕 합려는 월나라로 진격했다 오히려 월나라의 왕 구천에게 크게 패하고 말았다. 전투에서 화살에 맞은 합려는 중상을 입었고, 결국 다시 몸을 일으키지 못하게 되었다. 합려는 죽기 직전 아들 부차를 불렀다.

"아버지의 원수를 결코 잊지 마라."

고통스럽게 죽어가는 아버지의 얼굴을 보며 깊은 슬픔에 빠졌던 부차는 아버지의 유언을 잊지 않으려 '특별한 조치'를 취했다. 그는 방 앞에 신하 한 명을 세워놓고 방을 드나들 때마다 이렇게 외치게 했다.

"부차야, 아비의 원수를 잊었느냐!"

그뿐 아니라 부차는 가시가 많은 장작을 잔뜩 구해와 그 위에 이

불을 펴고 잠자리를 만들었다. 불편한 잠자리에서 뒤척일 때마다 아버지의 얼굴이 떠올랐다.

얼마 후 상황은 완전히 달라졌다. 부차의 이러한 상황을 전해들은 월나라 왕 구천은 기선 제압을 위해 먼저 공격했으나 크게 패하고 말았다. 그뿐 아니라 무려 3년 동안이나 부차의 노예로 생활하며 온갖 굴욕과 치욕을 견뎌야만 했다. 행색만 본다면 그가 한때 월나라의 왕이었다는 사실이 믿기지 않을 정도였다. 부차가 구천에게 물었다.

"고국으로 돌아가고 싶은가?"

"네, 그렇습니다."

"그렇다면 약속을 하거라. 월나라는 영원히 오나라의 속국이 되겠다고 말이다."

구천은 분노가 끓어올랐지만 살아남기 위해서는 어쩔 수 없었다.

"네, 월나라는 영원히 오나라의 속국이 될 것을 맹세합니다."

겨우 목숨을 유지해 월나라로 돌아온 구천이 가장 먼저 한 것은 잠자리 옆에 쓸개를 매달아놓는 일이었다. 구천은 앉을 때나 누울 때나 쓸개를 핥으며 쓴 맛을 되새김질했다. 그는 무려 20년간이나 이를 되풀이하며 과거의 원한을 잊지 않고 복수의 기회만을 엿보았다.

부차가 아버지의 원수를 갚기 위해 가시나무 위에서 잤던 '와신'과 구천이 쓸개를 핥는 '상담'이 합쳐져서 '와신상담'이라는 고사성어가 탄생했다.

대한상공회의소 이동근 부회장은 '모멸감이라는 친구'라는 제목의 칼럼에서, 모멸감이 얼마나 큰 성공의 계기가 되는지를 설명했다.

"스티브 잡스는 해고 당시를 회고하며 '누가 내 배를 후려쳐 기절한 기분이었다. 매우 쓴 약이었지만 내게는 정말로 필요한 약이었다. 돌이켜 보면 해고당할 당시가 내 인생 최고의 순간이었다'고 전하기도 했다. 길을 걷다보면 오르막과 내리막이 있는 것처럼 우리 인생에도 여러 굴곡이 있기 마련이다. 때로는 모멸감이라는 별로 반갑지 않은 친구와도 마주치게 된다. 이를 애써 외면하려고만 하지 말고 지름길을 안내하는 좋은 친구로 만들어보는 것은 어떨까 싶다. 자신의 상황을 냉철하게 둘러보고 부족한 점을 발견하면 그것이 바로 성공의 첫 주춧돌을 쌓는 시작이 될 수 있을 것이라 믿는다."

대개 와신상담은 새로운 부활을 위해 견뎌야 할 인내를 다룬 이야기로 해석된다. 그런데 좀 더 깊게 살펴보면 '성공을 앞당기는 특정한 계기'에 대한 내용임을 알 수 있다. 만일 부차의 '와신'과 구천의 '상담'이 없었다면 그들의 복수와 부활이 성공할 수 있었을까. 그들은 오히려 치욕과 모멸을 늘 곁에 두고 수시로 떠올렸다. 과거에 지나치게 집착해서도 안 되겠지만, 결코 잊어서도 안 된다. 과거를 잊는 사람은 현실에 만족하게 되고, 현실에 만족하면 미래도 사라진다. 밋밋한 일상에서 모멸감은 화려한 재기를 위해 꼭 필요한 것이다. 혹시 지금 모멸감이 느껴진다면 당신도 잡스처럼 외쳐라. 지금이 바로 내 인생 최고의 순간이다, 라고.

> '가시나무 위에 눕고 쓸개를 맛보다'라는 뜻으로, 패배의 모멸감과 치욕에
> 괴로워하는 사람들이 재기하기 위해 거쳐야 할 인내와 도전의 과정을 비
> 유하고 있다.
> 유래 : 《사기》

관 뚜껑을 덮기 전까지는 누구도 알 수 없다,

개관사정蓋棺事定

당나라의 유명한 시인 두보는 한때 사천성의 기주라는 깊은 산골
에 유배된 적이 있다. 곧이어 친구의 아들 소혜마저 그곳으로 유배
되어 왔다. 그런데 소혜는 젊은이답지 않게 실의에 찬 나날을 보내
고 있었다. 이를 보다 못한 두보가 그를 위해 '군불견君不見'이라
는 한편의 시를 지어 보냈다.

그대는 길가에 버려진 연못을 보지 못하는가.
그대는 부러져 넘어진 오동나무를 보지 못하는가.
백년 된 죽은 나무도 거문고에 알맞고,
한 섬 오래된 물 속에 교룡이 숨기도 한다네.
사나이는 관뚜껑을 덮고서야 비로소 모든 일이 결정되거늘,
그대는 지금 다행히 늙은이가 안 되었으니,
어찌 산속에 초췌하게 살면서 한탄하는가.
깊은 산 궁벽한 골짜기는 살 곳이 못 되나니,
천둥 벼락과 도깨비는 미친바람까지 아우른다네.

이 시를 읽은 소혜는 다시 힘을 얻어 힘차게 인생을 꾸려나갔다. 개관사정은 긍정적이고 낙천적인 정신 중에서도 가히 제일로 꼽을 만한 고사성어다. 죽은 후 관뚜껑을 닫은 다음에야 모든 것이 결정된다니, 숨이 붙어 있을 때까지는 어떻게 될지 모르는 일 아닌가. 숨이 붙어 있는 한, 언제든 거문고처럼 아름다운 악기도 될 수 있고 용이 되어 승천할 수도 있는 법이다.

개관사정 : 덮을 개蓋 | 널 관棺 | 일 사事 | 정할 정定

사람의 운명은 끝까지 알 수 없다는 뜻으로, 실패를 겪어도 너무 좌절하지 말라는 교훈을 담고 있다.
유래 : '군불견'

야심이 드러나는 것을 조심하라,

해옹호구海翁好鷗

바닷가에 사는 어떤 사람의 이야기다. 그는 갈매기를 무척이나 좋아해 매일 아침이면 바닷가로 나가 갈매기들과 즐거운 한때를 보냈다. 한번 바닷가에 가면 200마리가 넘는 갈매기들이 몰려들 정도였다. 그 모습을 보던 그의 아버지가 말했다.

"모든 갈매기들이 너와 함께 논다는 이야기를 들었다. 나도 갈매기와 놀고 싶으니 갈매기를 잡아와보거라."

아들은 아버지의 부탁을 들어주기 위해 갈매기를 잡겠다는 결연한 의지를 다지며 다음 날 바닷가로 나갔다. 그런데 놀랍게도 그 많던 갈매기들이 사내의 머리 위를 맴돌 뿐, 절대 내려오지 않았다.

와신상담을 통해 복수를 꿈꾸는 사람들은 자신의 야심을 드러내지 않도록 주의해야 한다. 주변 사람들에게 강한 야욕을 들키는 순간 모두가 그를 경계할 것이기 때문이다. 야심이 있어도 드러내지 않고, 야심으로 타인을 희생시키지 않겠다는 마음이야말로 와신상담하는 이들에게 필요한 자세일 것이다.

해옹호구 : 바다 해海 | 늙은이 옹翁 | 좋아할 호好 | 갈매기 구鷗

바닷가에 사는 노인이 갈매기를 좋아한다는 뜻으로, 야심이 있으면 누구도 그를 가까이하지 않음을 의미한다.

유래 : 《열자》

질疾
풍風
경勁
초草

강한 바람
앞에서
진가가 드러나는
법이다

전한 말기 왕망은 한 왕조로부터 황제의 권위를 빼앗아 새롭게 신 나라를 세웠다. 하지만 건국 초기의 뜨거웠던 초심을 잃은 왕망은 폭정을 시작했고, 백성들은 또다시 고통의 늪에 빠져버렸다. 왕망 의 먼 친척이었던 유수는 이를 보다 못해 반란을 일으켰다. 그런데 영양 지방의 왕패라는 자가 유수의 병사들을 가로막았다.

"장군께서 일으킨 정의의 군대에 저희도 힘을 더하고 싶습니다. 저와 제 친구들을 받아들여 주십시오!"

유수의 군대는 금세 불어나 1만 명에 달했지만, 왕망의 군대는 40만 명에 달했기에 수치상으로 애초 적수가 되기 힘들었다. 하지 만 유수의 군대는 모두의 예상을 깨고 대승을 거두었고, 왕패 역시 승리에 큰 공헌을 했다. 결국 유수군은 갱시제更始帝를 새로운 황 제로 옹립하고, 끊겼던 한 왕조를 복구하는 쾌거를 이루었다.

하지만 반복되는 역사에서 알 수 있듯 황제의 욕심은 끝이 없는 법. 막강한 권력을 지닌 갱시제는 자신을 옹립했던 유수를 견제하기 시작했다. 신변의 위협을 느낀 유수는 어떻게든 살아날 계책을 마련해야 했다. 일단 도망치는 것이 상책이라 생각한 유수는 갱시제에게 하북지방을 평정하고 오겠다는 핑계를 대고 성을 떠났다. 유수가 짐을 싸니 왕패도 따라나섰다. 그리고 과거 왕망의 폭정에 맞섰던 수많은 군사들이 너도나도 유수와 왕패를 따랐다.

머나먼 하북으로의 진격이 시작됐지만 행군은 고난의 연속이었다. 시간이 흐를수록 이탈자들이 속출하기 시작했다. 어느 날 유수가 군대를 돌아보았더니 수없이 낯익은 얼굴들이 이미 사라지고 없었다. 과거의 영광이 오늘의 고난을 이기지 못한 것이다. 그러나 왕패만큼은 변함 없이 그를 따랐다. 유수가 왕패를 보고 말했다.

"이렇게 어려운 상황에서도 끝까지 나를 알아주고 이곳까지 따라오는 사람은 자네뿐이군. 세찬 바람이 불어야 강한 풀을 알아볼 수 있다고 하더니만!"

왕패가 보여준 신의와 믿음은 이것으로 그치지 않았다. 훗날 유수가 산둥지방의 호족인 왕랑군에 사로잡혔을 때에도 왕패는 자신의 생명을 돌보지 않고 적진으로 뛰어들었다. 온갖 고난 끝에 후한의 황제에 오른 광무제 유수. 그는 과거 왕패가 자신에게 보여준 충심과 열성을 잊지 않고 그를 상곡지역의 태수로 임명했다.

지난 2008년 연말 SK그룹은 계열사 CEO 11명에게 '한해의 의미를 압축한 사자성어를 제시해달라'고 했다. SK네트웍스의 정만원 전前 사장은 '질풍경초'라는 고사성어로 2008년을 표현했다. 이는 당시 SK네트웍스가 처한 환경과 관련이 있다. 사실 그가 SK네트웍스에 취임했을 당시만 해도 회사는 '워크아웃'이라는 위기에 처해 있었다. 심지어 그룹 내에서 미운 오리새끼 취급을 받기도 했다. 하지만 정 사장이 취임한 이후 SK네트웍스는 놀랄 만한 발전을 시작했다. 혁신이라는 이름 하에 사업을 확장하며 20조 원이 넘는 매출을 기록한 것이다. 어느덧 미운 오리새끼는 SK그룹 내에서 사랑받는 백조로 탈바꿈했다.

정만원 사장이 꼽은 '질풍경초'는 자신의 존재감을 입증해준 SK네트웍스는 물론, 자신이 회사를 이끌어오며 겪었던 숱한 어려움 속에서 보물처럼 건져낸 위기극복의 교훈을 지칭한 것이다. 그가 약진할 수 있었던 이유는, 혹독했던 '질풍' 속에서도 결코 꺾이지 않는 자기만의 소중한 사람과 원칙을 발견했기 때문이다.

자신의 인생에 매번 격한 돌풍이 불기를 원하는 사람은 없을 것이다. 하지만 바람이 불지 않으면 소중한 존재는 영영 드러나지 않을지도 모른다. 길을 가다 거센 바람을 만나더라도 무조건 피하지 마라. 분명 그 바람만이 알려주는 비밀이 있다. 무엇이 소중한지, 왜 소중한지, 그리고 앞으로 그것을 어떻게 대해야 하는지, 바람의 끝에서 분명 더 강해진 자신을 만나게 될 것이다.

질풍경초 : 사나울 질疾 | 바람 풍風 | 굳셀 경勁 | 풀 초草

세찬 바람이 불어야 강한 풀을 알아볼 수 있다는 말로, 고난과 역경 속에서도 뜻을 굽히지 않는 자세를 뜻한다.
유래 : 《후한서》〈왕패전王覇傳〉

마지막 불씨는 반드시 간직하라, 삼호망진三戸亡秦

진시황이 죽은 후 진승과 오광의 난을 제압한 항우와 숙부 항량은 드디어 새로운 나라를 세우게 되었다. 문제는 과연 어느 나라 사람을 왕으로 세우느냐는 것이었다. 그때 범증이 찾아와 이렇게 말했다.

"진나라는 한韓, 조趙, 연燕, 초楚, 위魏, 제齊나라를 멸망시키고 중국 최초로 통일을 이룬 나라입니다. 그중 초나라는 진나라에게 가장 큰 원한을 품고 있습니다. 진나라가 초나라에게 빼앗은 땅을 되돌려주겠다며 회담을 열자고 하여 초나라의 회왕懷王이 진나라로 갔는데 결국 억류당해 죽고 말았습니다. 그리고 이것이 초나라의 멸망을 초래했지요. 원한에 싸인 초나라 사람들은 회왕을 그리워하고 있습니다. 초나라의 남공은 초나라가 멸망하고 세 가구만 남아 있어도 반드시 초나라는 진나라를 멸망시킬 거라는 무서운 이야기를 한 적이 있습니다. 따라서 반드시 초나라 왕의 후손을 왕으로 세워야 합니다."

세 가구가 진나라를 멸망시킬 수 있는 방법이 있다. 세 가구가 자식을 4명씩 낳으면 12가구가 되고, 12가구가 아이를 4명씩 낳으면 48가구가 된다. 한 세대만 넘어도 힘은 12배로 증폭된다. 이것이 가능한 것은 초나라 사람들이 진나라를 멸망시키겠다는 마음의 '불씨'를 품고 있기 때문이다. 바람이 불면 불꽃은 꺼질지 몰라도, 또 다시 피어오르겠다는 마음의 불씨만 있으면 언제든 다시 피어오를 수 있다. 이는 성공을 위한 필요조건이자 충분조건이다. 성공한 이들이 가장 많이 하는 이야기는 "나는 이런 방법으로 성공했다"가 아니라, "나는 포기하지 않았다"는 말이다.

삼호망진 : 석 삼三 | 집 호戶 | 망할 망亡 | 진나라 진秦

> 세 가구의 집이 진나라를 멸망시킨다는 뜻으로, 작은 힘이라도 굳게 각오
> 하면 큰 힘으로 이어질 수 있음을 말한다.
> 유래 : 《사기》 〈항우본기〉

사소한 것도 바람을 잠재울 수 있다, 계명구도鷄鳴狗盜

전국시대, 진나라의 소양왕이 제나라의 귀족 맹상군을 초청했다. 그런데 진나라의 관리 중 한 명이 맹상군을 시기해 그를 죽이려는 계획을 세웠다. 이 사실을 알아챈 맹상군 일행은 다급해졌고 그중 한 명이 꾀를 냈다.

"현재 타국에서 우리를 도와줄 사람을 찾는 것이 가장 시급합니다. 아까 맹상군께서 선물하신 흰 여우가죽옷을 다시 훔쳐내어 진왕이 총애하는 왕비에게 드리고 도움을 청하는 것이 어떻겠습니까?"

하지만 관건은 누가 왕의 선물을 다시 훔쳐내느냐는 것이었다. 그때 과거에 좀도둑질을 해본 한 식객이 나섰다. 일행을 그렇게 가죽옷을 훔쳐내 왕비에게 선물한 끝에 위기에서 빠져나올 수 있었다. 그런데 관문을 나서려는데 문이 굳게 닫혀 있었다. 관문은 반드시 닭의 울음소리가 들려야만 열리게 되어 있다. 이때 또 다른 식객이 맹상군에게 다가왔다.

"제가 닭의 울음소리를 내는 데 능합니다. 제가 한번 해보면 어떻겠습니까?"

관원은 그 소리에 깜빡 속아 문을 열었고 결국 맹상군 일행은 위기에서 벗어날 수 있었다.

계명구도는 고상한 학문을 익히지는 못했지만 천박한 꾀로 남을 속이는 사람을 뜻하는 말이다. 하지만 바람 앞의 위기에서 빠져나오는 데 고상함과 천박함 따위는 중요치 않다. 위급할수록 무기나 인재의 크고 작음을 따지기 전에, 주변에 존재하는 것들이 현재 자신을 어떻게 도울 수 있는지를 냉정하게 판단해야 한다. 아무리 사소해 보이는 것이라도 유용하게 써먹는 것이야말로, 질풍에 굴하지 않고 마음속의 불씨를 훨훨 태울 수 있는 방법이다.

계명구도 : 닭 계鷄 | 울 명鳴 | 개 구狗 | 훔칠 도盜

> 닭의 울음소리를 잘 내는 사람과 개 흉내를 잘 내는 좀도둑이라는 뜻으로, 천한 재주도 때로는 쓸모가 있음을 비유하는 말이다. 여기서는 어떠한 위기에서도 포기하지 말고 주어진 여건을 잘 활용하라는 메시지로 해석된다.
> 유래 : 《사기》〈맹상군전孟賞君傳〉

四字

8장 새로운 미래로 도약하려 할 때

선즉제인 先則制人 　우직지계 迂直之計 　순수견양 順手牽羊 　목인석심 木人石心 　심장약허 深藏若虛

허유괘표 許由掛瓢 　구반문촉 毆槃捫燭 　망양지탄 望洋之歎 　낙불사촉 樂不思蜀 　해현경장 解弦更張

마중지봉 麻中之蓬 　무병자구 無病自灸 　갈택이어 竭澤而漁 　복거지계 覆車之戒 　연작처당 燕雀處堂

마불정제 馬不停蹄 　도견상부 道見桑婦 　한단지보 邯鄲之步 　교자채신 敎子採薪 　영불리신 影不離身

기화가거 奇貨可居

疏

通

선先 즉則 제制 인人

힘이 세지 않아도 충분히 앞설 수 있다

《사기》의 〈항우본기〉에 나오는 이야기다. 진나라 말기에 유방과 천하를 다투던 항우는 어린 시절부터 범상치 않은 모습을 보여주었다. 하루는 항량과 회계산을 유람하고 돌아가는 진시황의 행차를 보게 되었는데, 누구라도 압도당할 만큼 화려하고 거대한 위용을 뽐내는 행차였다. 그런데 항우는 다른 사람들과 전혀 다른 반응을 보이며 이렇게 말했다.

"저 사람의 자리를 반드시 내가 대신하리라!"

깜짝 놀란 항량이 항우의 입을 막으며 말했다.

"그렇게 경망스러운 말은 하지도 말아라. 잘못하면 삼족이 멸하게 될 것이다."

당황스럽긴 했지만 항량은 이 일을 계기로 항우가 보통 아이가 아니라는 사실을 알게 되었다. 세월이 흘러 결국 하늘을 찌를 듯한 권세를 누렸던 진시황도 죽었고, 호해가 뒤를 이어 황제의 자리에 올랐다. 하지만 전국 방방곡곡에서는 반란이 일어나기 시작했다. 항우와 항량이 살던 회계에서 태수를 맡고 있던 은통도 반란을 모색하고 있었다. 하루는 은통이 은밀하게 항량을 불러 의중을 떠보았다.

"강서지역에서는 모두 반란이 일어났소. 이는 하늘이 진나라를 멸망시키려는 징조일 것이오. 먼저 실행하면 남을 제압할 것이고, 나중에 실행하면 남에게 제압당할 수밖에 없소. 그래서 나도 군대를 일으키려 하오. 그대와 환초를 장군으로 삼으려 하는데, 어떠시오?"

항량은 의미심장한 눈빛으로 은통을 바라보다 입을 열었다.

"지금 환초는 다른 나라로 피신간 상태입니다. 그가 어디에 있는지 아는 사람은 항우밖에 없소이다. 제가 잠시 항우에게 다녀오도록 하겠습니다."

밖으로 나온 항량은 항우에게 귓속말로 무언가를 지시한 후, 함께 다시 은통을 찾아갔다.

항량은 항우를 밖에서 기다리게 하고는 은통과 마주앉았다.

"항우를 데려왔습니다. 항우를 불러서 환초를 데려오라 명하십시오."

생각지도 못하게 일사천리로 일이 진행되자 은통은 자신에게 하늘의 운이 따르고 있다고 생각했다.

그런데 항우가 방으로 들어와 인사를 하고 잠시 이야기를 나누는 사이에 항량이 느닷없이 소리를 질렀다.

"항우야! 때가 되었구나!"

그 즉시 항우는 칼을 뽑아들어 단칼에 은통의 목을 쳐버렸다. 은통의 머리가 나뒹굴고 사방으로 피가 튀자 은통의 부하들은 모두 어쩔 줄 몰라 하며 고개를 바닥에 처박았다. 결국 항량은 은통의 반란을 제의받은 후, 자신이 먼저 은통을 공격하여 상황을 장악하고 회계태수의 자리에 올랐다.

민병덕 KB국민은행장은 2011년 신년사에서 '선즉제인'의 자세를 강조했다. 그는 "확고한 리딩뱅크로 비상하기 위해 선즉제인의 자세로 임하자"고 말했다. 그가 선즉제인을 화두로 내세운 데는 그럴 만한 이유가 있다. 전통적인 '주거래 은행'의 개념이 사라지면서 은행들은 '스마트 금융'이라는 신금융서비스에서 앞서가야 하는 과제를 떠안게 되었다. 이제껏 익숙했던 고지가 아닌, 낯설고 생경한 고지들이 출현한 셈이다. 이러한 상황에서는 누가 판을 먼저 장악하느냐가 관건이다. 민병덕 은행장은 이 때문에 '속도의 중요성'을 강조한 것이다.

'선즉제인'은 좋은 기회나 새로운 판을 장악하는 데 속도가 얼마나 중요한지를 잘 보여준다. 만일 항량이 은통의 반란 소식을 들은 후, 일단 협조한 뒤 나중에 은통을 몰아내자며 미래를 기약했다면 어땠을까. 군사를 모으거나 군자금을 비축하는 등 힘을 길러야 하고, 그 힘을 기르기까지 또다시 시간을 필요로 했을 것이다. 하지만 항량은 은통의 반란소식을 들은 즉시, 기민하게 결정을 내리고 상황을 제압해버렸다.

눈앞에 펼쳐진 대결 구도를 '누가 더 힘이 세냐'라는 차원으로만 파악하지 말고, '누가 더 앞설 수 있느냐'로 파악해보라. 순식간에 전세를 역전시키고 판을 장악했던 은통과 항량의 대결이 답을 제시해줄 것이다.

선즉제인 : 먼저 선先 ㅣ 곧 즉則 ㅣ 억제할 제制 ㅣ 사람 인人

남보다 앞서 일을 꾸미면 충분히 남을 누를 수 있다는 뜻으로, 새로운 분야의 경쟁에서 앞서기 위해서는 '속도'가 중요함을 역설하고 있다.
유래 : 《사기》〈항우본기〉

적을 늦추는 것도 나를 빠르게 만드는 방법이다,
우직지계迂直之計

손무가 쓴 병법서인 《손자병법》에는 다음과 같은 이야기가 나온다.

"군쟁이 어려운 것은 돌아가는 길을 직행하듯 가야 하고, 불리한 여건도 이롭게 바꿔야 하기 때문이다. 그러므로 멀리 돌아갈 때는 상대에게 미끼를 던져 유인하기도 하고, 상대방보다 늦게 출발해도 먼저 목표에 이르도록 해야 한다. 그래야만 '우직의 계', 즉 '돌아가면서도 빨리 가는 전략'이라 할 수 있다."

선즉제인이 상황을 장악하는 효과적인 방법이긴 하지만, 모든 일과 상황에서 늘 앞서나갈 수는 없는 노릇. 우직지계는 그러한 점을 고려해 선수를 빼앗겼을 때 어떠한 전략을 활용해야 하는지를 알려준다. 때로는 미끼로 유인할 수도 있어야 하고, 상대를 교란시켜 속도를 늦출 줄도 알아야 한다. 그래야만 자신의 불리함을 뒤집을 시간을 벌 수 있다.

> 가까운 길은 곧게만 가는 것이 아니라, 돌아갈 줄도 알아야 한다는 병법의
> 지혜를 말한다.
> 유래 : 《손자병법》〈군쟁편〉

작은 기회라도 놓치지 마라, 순수견양順手牽羊

4세기 전진前秦의 황제 부견은 동진을 정복하기 위해 90만 대군을 징집했다. 그는 우선 동생 부융을 선봉대로 내세운 후 먼저 가서 인근 지역을 점령하고 동진의 상황을 보고할 것을 명했다. 부융이 찬찬히 살펴보니 동진은 병력도 적고 군량미도 부족해 보였다. 부융은 형에게 지금 빨리 공격하라는 전갈을 보냈다. 이 소식을 들은 부견은 일단 90만 대군 중에서 수천 명의 기병만 동진으로 보냈다. 하지만 동진의 장군 사석은 이 기회를 놓치지 않았고, 사석의 군사들은 다급하게 출동한 기병들을 습격해 적의 예봉을 꺾어놓았다. 사석의 첫 번째 승리였다.

　그 후 부견의 군사와 사석의 군사들이 작은 강을 끼고 대치하는 상황이 펼쳐졌다. 사석은 부견에게 "물을 사이에 두고 싸우기에는 불편하니 조금만 뒤로 물러나면 물을 건너가 싸우겠다"고 했다. 부견은 군사들에게 물러서라는 명령을 내렸다. 하지만 사실 부견은 물을 건너오는 적들을 공격할 요량이었다. 그런데 부견의 군사들은 자신들이 불리해져서 물러서는 줄 알고 당황했고, 순식간에 아수라장이 되고 말았다. 강을 건너온 사석의 병사들은 이번에도 기

회를 놓치지 않고 연타의 공격을 퍼부었고 결국 90만 대군을 이길 수 있었다.

상대방이 이미 판을 장악하고 있거나 대적하기 힘들다고 느낄 때는 사소한 틈이 보일 때마다 '연타'를 날리는 것도 효과적인 방법이다. '손에 잡히는 대로 양을 끌고 간다'는 의미의 순수견양은 작은 기회도 놓치지 않고 취한다는 뜻이다. 이는 곧 열세에서도 상대의 빈 틈을 지속적으로 공략해 판을 장악하는 방법이기도 하다.

순수견양 : 순할 순順 | 손 수手 | 끌 견牽 | 양 양羊

길 잃은 양을 끌고 간다는 말로, 여기서는 적의 허점을 놓치지 않고 공격해 작게나마 지속적으로 승리하는 것으로 해석된다.
유래 : 《손자병법》 36계 중 12계책

어떠한
유혹에도
흔들리지 않을
자신이 있는가

서진西晉의 태위였던 가충이 일행들과 함께 봄나들이를 할 때였다. 수면 위에 작은 배를 띄워놓고 약초를 말리는 한 청년이 눈에 띄었다. 그는 누구보다 선한 웃음을 짓고 있었다. 가충은 그 모습이 참으로 보기 좋다는 생각에 주변 사람들에게 물었다.

"저 청년은 누군가?"

"회계군 태생의 하통이라고 합니다. 속세가 싫어서 시골에 은둔하며 살고 있는 청년입니다. 아프신 어머니의 약을 사기 위해 가끔씩 시골에서 내려오곤 합니다."

호기심이 생긴 가충이 하통에게 다가갔다.

"들자하니 그대는 강변 지역에서 태어났다고 하는데, 그럼 배를 부리는 데 능숙하겠구먼. 한번 보여줄 수 있겠나?"

하통은 아무 말 없이 약초를 한쪽에 놓고 빠르게 노를 저었다. 그

모습이 마치 풍경화의 한 장면 같았다. 배는 유연하게 앞으로 나아
갔고 물결은 하얗고 작은 파도를 만들어냈다. 가충은 넋을 잃고 그
모습을 바라보았다. 돌아온 하통에게 가충이 다시 물었다.

"자네는 자네 고향의 노래를 부를 줄 알겠지?"

"네, 제가 특별히 좋아하는 노래가 있습니다."

그렇게 시작된 하통의 노래는 마치 봄햇살을 가르는 아름다운 선
율과 같았다. 절묘한 가락과 청아한 목소리는 듣는 이의 가슴을 뛰
게 할 정도였다. 그때 가충의 머리에 한 줄기 생각이 스쳤다.

'보통 사람이 아닌 것 같은데… 곁에 두고 일해보고 싶군.'

가충이 하통에게 제안했다.

"자네는 벼슬을 할 생각이 없는가?"

그러자 하통의 얼굴에서 곧바로 미소가 사라졌다. 그는 입을 굳
게 다물고 아무 말도 하지 않았다. 그 모습에 잠시 당황스러웠지
만, 가충은 곧 깨달은 바가 있었다.

'이 친구야말로 목인석심, 유혹에 절대로 흔들리지 않는 사람이
구면. 이런 사람에게 벼슬을 권하다니….'

현대오일뱅크 서영태 前 사장은 2010년을 시작하며 '목인석
심'을 경영의 나침반으로 삼겠다고 말했다. 현대오일뱅크가 적지
않은 유혹과 난관에 흔들릴 시기였다. 가격담합으로 과징금을 부
과받는가 하면, 정제마진이 악화되면서 곤란한 상황에 처하기도 했
다. 그중에서도 가격담합은 동일한 가격을 유지하자는 유혹을 거
절하지 못한 결과였다. 하지만 서영태 사장에게 목인석심은 단순
한 반성의 의미, 그 이상이었다. 석유소매업뿐 아니라 석유화학 사

업과 시설증설 사업을 꾸준하게 추진하기 위해서는, 주변의 여러 유혹을 이겨내야 하는 목인석심의 교훈이 필요하기 때문이다.

많은 이들이 유혹에 흔들릴 때마다 절제심이 부족했다며 반성한다. 하지만 실제 유혹은 절제심이 부족해서가 아니라, 타인의 요구와 자신이 그것을 해야만 하는 이유를 착각한 데서 비롯된다.

하통은 세상이 싫어서 은둔한 것이지 벼슬이 없어서 은둔한 것은 아니었다. 그러니 벼슬을 준다는 말은 전혀 그를 움직이지 못했다. 또한 가충은 하통에게 벼슬을 제안했지만, 하통의 입장에서는 그것이 세상에 나갈 '이유'가 되지 않았다.

무언가에 흔들리고 있다면 그저 스스로에게 물어보라. 내가 그것을 해야 할 '절실한 이유'가 있는지를.

목인석심 : 나무 목木 | 사람 인人 | 돌 석石 | 마음 심心

> 나무인형의 돌 같은 마음이라는 말로, 어떠한 유혹에도 마음이 흔들리지 않는 사람을 뜻한다.
> 유래 : 《진서晉書》〈하통전夏統傳〉

애초부터 유혹을 원천봉쇄하라, 심장약허深藏若虛

공자가 노자를 찾아가 '예禮'에 대해 묻자 노자는 이렇게 답했다.

"진짜 훌륭한 상인은 자신이 가진 좋은 물건을 꼭꼭 감추어 남에게 보여주지 않는다고 했습니다. 진짜 훌륭한 인격과 학식을 지닌 지식인일수록 어수룩한 척하며 자신의 능력을 함부로 드러내지 않는다고 합니다."

목인석심처럼 어떠한 유혹에도 흔들리지 않는 것과 같이, 애초 타인들에게 '빌미'를 제공하지 않는 자세도 유혹을 방지하는 원천적인 방법이다. 똑똑한 상인이 자신의 물건을 내놓지 않는 것은 다른 이들에게 유혹의 대상을 제공하지 않기 위해서다. 누군가는 그것을 사고 싶어 할 것이고, 누군가는 그것을 훔치고 싶어 할 수도 있다. 자신이 정말 지키고 싶은 것이 있다면 애초 타인에게 유혹의 대상이 되지 않도록 감추면 된다. 지켜야 할 소중한 것이 있다면 그저 입을 꾹, 다물면 그만이다. 아무리 아끼는 귀한 물건이라도 자꾸 자랑하다 보면 남의 것이 될 수 있으므로.

심장약허 : 깊을 심深 | 감출 장藏 | 같을 약若 | 빌 허虛

똑똑한 상인은 좋은 물건을 내놓지 않는다는 말로, 애초부터 유혹할 빌미를 제공하지 않는 태도를 뜻한다. 자신의 훌륭한 능력을 함부로 자랑하지 않는 겸양의 자세로 해석할 수도 있을 것이다.
유래 : 《사기》

'그것'이 없었을 때를 상상하라, 허유괘표許由掛瓢

욕심이라곤 티끌만큼도 없었던 허유라는 사람이 있었다. 그가 가진 것은 몸을 가릴 수 있는 옷뿐이었다. 목이 마르면 시냇가에 가서 손으로 물을 떠 마시면 그만이었고, 졸리면 아무 나무 등걸에나 기대어 자면 충분했다.

어느 날 허유는 여느 때와 다름없이 시냇가에서 손으로 물을 떠 마시고 있었다. 이를 불쌍하게 여긴 한 아낙네가 가지고 있던 표주박을 그에게 주었다. 처음에는 그럴듯했다. 표주박으로 물을 마시니 훨씬 편하고 좋았던 것이다. 그런데 시간이 흐르면서 표주박이 거추장스럽게 느껴지기 시작했다. 낮잠을 잘 때는 표주박을 나무에 걸어두어야 했는데, 바람에 달그락거리기라도 하면 예전처럼 단잠을 잘 수 없었다. 그뿐 아니라 어딘가에 갈 때면 늘 표주박을 달고 있어야 했으니 여간 귀찮은 것이 아니었다. 표주박이 없었을 때는 자유로웠다는 생각이 든 순간, 허유는 표주박을 박살내버렸다. 그러고는 다시 예전처럼 유유자적 여유로운 삶을 살아갔다.

유혹을 이기는 또 하나의 방법은 그것이 없었던 시절을 떠올리는 것이다. 따지고 보면 그것이 없었을 때도 충분히 잘 지냈을 테니 말이다. 과거의 모습을 곰곰이 생각하면 지금의 유혹이 그리 대단한 것이 아님을 깨달을 수 있다.

허유괘표 : 허락할 허許 | 말미암을 유由 | 걸 괘掛 | 표주박 표瓢

'허유가 표주박을 걸다' 라는 말로, 유혹에 얽매이지 않으면 어디서든 편안하게 살아갈 수 있음을 뜻한다.

유래 : 《고사전高士傳》

눈에
보이는 것이
전부는
아니다

구殷
반槃
문捫
촉燭

태어날 때부터 눈이 먼 사람이 있었다. 그는 태양이 무엇인지가 가
장 궁금했다.

"태양은 도대체 어떻게 생겼습니까?"

"글쎄, 구리쟁반과 같은 모양이라고 할까요?"

장님은 무릎을 탁 쳤다. 구리쟁반은 자신의 집에도 있었기 때문
이다. 집으로 돌아온 장님은 집에 있는 구리쟁반을 찾아 하나씩 만
져보고 때려보았다. '댕댕댕~' 하고 울리는 투박한 소리까지 기
억해두었다. 그 후 어느 날 시장에 가는데 '댕댕댕~' 하는 소리가
들려왔다. 어떤 장사치가 지나가는 손님들의 이목을 끌기 위해 쟁
반을 두드린 것이다. 장님의 입가에 미소가 피어올랐다.

"저게 바로 태양이구먼!"

길을 가다 장님의 이야기를 들은 한 행인이 장님에게 말했다.

"무슨 말씀을. 태양은 구리쟁반 같기도 하지만 촛불처럼 빛을 내는 것이 제일 중요하다오."

장님은 집으로 돌아와 한참 동안 초를 만지며 태양을 생각했다. 초는 미끌미끌하면서도 가느다란 느낌이었다. 어느 날 그는 누군가의 집에서 '태양'을 발견하고는 기뻐서 소리쳤다.

"이게 정말 태양이구나!"

하지만 그가 손에 들고 있던 것은 피리였다.

SK네트웍스의 정만원 전前 사장은 지난 2008년 SK텔레콤의 신임 대표로 내정되었을 당시, '구반문촉의 잘못을 범하지 말라'는 말로 향후 경영에 대한 의지를 피력했다. 당시 정 사장은 "사물의 단편적인 부분만을 인식해 실체와 진실을 바로 보지 못하는 우를 범해서는 안 된다며, 모두들 지금을 글로벌 위기라 말하지만 그럴수록 무조건 움츠러들기보다 세밀한 분석을 통해 위기를 기회로 만드는 것이 중요하다"고 말했다.

특히 정 사장에게 '구반문촉'이 더욱 의미가 있는 까닭은, 그가 5년 전 SK그룹 전체를 휘청거리게 한 'SK네트웍스 분식회계 사태'를 해결한 주인공이기 때문이다. 분식회계란 '구반문촉'의 가장 대표적인 사례라 할 수 있다. 장님이 쟁반과 초를 태양으로 오해한 것처럼, 조작된 회계장부는 기업의 경영상태를 호도해 경영의 실태를 제대로 보지 못하게 하기 때문이다. 무엇보다 그의 말에서 주목해야 할 것은 '상황에 대한 세밀한 분석을 통해 위기를 기회로 만들자'는 것이다. 이는 단순히 눈에 보이는 팩트에만 파묻히지 말고, 그것이 가진 진정한 의미를 새롭게 해석해야 함을 강조하는 말이다.

우리는 끊임없이 주어지는 팩트와 그에 대한 해석 사이에서 서성이며 살아간다. 일, 사업, 인간관계 등 모든 분야에서 팩트와 그에 대한 해석이 요구된다. 상사가 툭 던지는 한마디가 어떤 뜻인지를 알아야 직장생활에서 슬기롭게 처신할 수 있고, 지금 내 인생의 적신호를 정확하게 알아차려야 새로운 돌파구를 마련할 수 있다. 리더와 경영자의 입장에서는 더더욱 중요한 일이다. 시장의 변화, 매출의 증감, 직원의 분위기 등 사방에 흩어져 있는 팩트들을 종합적으로 분석하고 해석해야만 안정적으로 경영할 수 있기 때문이다.

구반문촉 : 때릴 구敂 | 쟁반 반槃 | 어루만질 문捫 | 촛불 촉燭

> 장님이 쟁반을 두드리고 초를 만져본 것만 가지고 태양에 대해 말한다는 뜻이다. 여기서는 실체적인 진실과 진정한 의미를 파악하기 위해 꼭 필요한 해석과 분석의 태도로 해석된다.
> 유래 : 《소식문집蘇軾文集》〈일유편日喻篇〉

팩트를 바라보는 맥락을 바꿔라, 망양지탄望洋之歎

옛날에 하백河伯이라는 신이 살고 있었다. 그는 늘 자신이 살던 황허지역의 강을 보며 감탄했다. 넓고 푸른, 그러면서도 도도하게 흐르는 그 강이 마치 삶의 도를 깨우쳐주는 듯했기 때문이다.

그러던 어느 날 큰 홍수가 일어나 강이 믿기지 않을 정도로 불어났다. 이 광경을 본 하백은 더욱더 감탄했다. 어마어마한 강의 크기에 가슴이 벅찼던 그는 강의 끝을 보기 위해 동쪽으로 내려갔다. 그는 한참을 흘러내려간 후에 북해지역의 신인 약若을 만났다. 그런데 웬걸, 그 지역은 온 천하가 물이었다. 하백은 그 광활함에 입을 다물지 못한 채 이렇게 말했다.

"백 가지 도를 듣고서 자기만 한 자가 없는 줄 안다는 속담이 있는데, 그게 저를 두고 하는 말이었나 봅니다. 아, 만일 제가 이곳을 보지 못하였다면 위태로울 뻔했습니다. 오래도록 도를 아는 척 행세하여 웃음거리가 되었을 테니 말입니다."

약이 하백의 말을 이어받았다.

"우물 안 개구리에게 아무리 바다에 대해 말해도 소용없는 것은 그가 우물이라는 '사는 곳'에 얽매여 있기 때문이고, 여름 한철을 사는 벌레에게 얼음에 대해 말해도 알아듣지 못하는 것은 그가 '시절'에 묶여 있기 때문이오. 지금 그대는 벼랑에서 나와 큰 바다를 보고 비로소 그대의 어리석음을 깨달았으니, 이제부터라도 큰 이치를 말할 수 있지 않겠소?"

눈에 보이는 팩트 뒤에 존재하는 이면으로 들어가기 위해서는 다른 시간과 다른 공간이 필요하다. 맥락의 변화가 필요하다는 이야기다. 상대방이 던진 말의 진정한 뜻을 파악하기 위해서는 '나의 마음'이라는 공간을 떠나 '상대방의 처지와 상태'라는 공간으로 들어가봐야 한다. 이렇게 시간과 공간이라는 맥락을 바꿔보면 보이지 않았던 팩트의 의미를 이해할 수 있을 것이다.

넓은 바다를 바라보며 감탄한다는 말로, 다른 사람의 위대함을 보고 자신의 미흡함을 부끄러워한다는 뜻이다. 여기서는 미처 자신이 몰랐던 것의 의미를 헤아릴 수 있는 계기로 해석된다.

유래 : 《장자》

당장의 감정에 휩쓸리지 마라, 낙불사촉樂不思蜀

중국 삼국시대 말, 촉나라의 황제 유비가 세상을 떠나자 그의 아들 유선이 뒤를 이었다. 하지만 유선은 무능했을 뿐 아니라 그를 제대로 보좌해줄 신하도 없었다. 결국 위나라가 쳐들어오자 유선은 성문을 활짝 열고 투항하기에 이르렀다. 위나라 황제는 유선을 안락공安樂公에 봉하고 도읍에 살게 해주었다.

하루는 위나라의 대장군 사마소가 연회를 열어 유선을 초대하고 그 자리에서 초나라의 노래를 연주하게 했다. 당시 유선을 보좌하던 촉나라 대신들은 슬픔에 잠겼지만, 유독 유선만큼은 전혀 그런 기색 없이 연회를 즐기고 있었다. 사마소가 유선에게 물었다.

"고국이었던 촉나라가 그립지 않으십니까?"

"이렇게 즐거운데 촉나라가 생각날 일이 있겠습니까?"

사마소가 놀랍다는 표정을 짓고 있는 가운데 유선을 보좌하던 극정이 유선에게 속삭였다.

"만일 다시 물으면 눈물을 흘리면서 하루도 촉나라를 생각하지 않는 날이 없다고 말씀하셔야 합니다."

잠시 후 사마소가 똑같은 질문을 했다. 유선은 눈물을 흘리려고 했지만 눈물이 도저히 나지 않아 그저 눈을 감고 말았다. 사마소가 다시 물었다.

"극정이 속삭였던 말과 똑같은 말을 하려는 겁니까?"

자신의 마음을 알아주자 유선은 다시 밝은 표정으로 말했다.

"말씀하신 그대로입니다!"

술과 여자, 음악이 만들어내는 아름다운 연회는 유선을 바보로 만들었다. 유선은 순간의 쾌락과 분위기에 빠져 과거는 물론, 현재 자신의 처지마저 잊었던 것이다. 이처럼 눈앞의 감정이나 쾌락에 휩쓸려 객관적인 정황마저 잘못 판단하는 일이 없도록 항상 경계 해야 한다.

낙불사촉 : 즐길 락樂 | 아니 불不 | 생각할 사思 | 나라이름 촉蜀

> 즐거움에 젖어 촉나라 땅을 생각하지 않는다는 말로, 쾌락이나 향락에 젖어 본분을 망각하는 어리석음을 비유한다.
> 유래 : 《삼국지》

마음만으로
얼마나
변할 수 있다고
생각하는가?

해 解
현 弦
경 更
장 張

전한 시대의 이름난 유학자였던 동중서董仲舒는 황제인 무제의 자문 역할을 할 정도로 뛰어난 학식과 국정을 운영하는 노련함을 보였다. 한번은 무제가 널리 인재를 등용하려 하자 동중서는 황제에게 '원광원년거현량대책元光元年舉賢良對策'이라는 글을 올렸다.

"지금 한나라는 진나라의 뒤를 이어 썩은 나무와 똥이 뒤덮인 담장과 같습니다. 아무리 잘 다스리려 해도 어찌할 수가 없는 지경에까지 이르렀습니다. (중략) 거문고를 연주할 때 소리가 조화를 이루지 못하면 반드시 줄을 풀어서 고쳐 매야 제대로 연주할 수 있습니다. 정치도 마찬가지로 올바로 행해지지 않고 부패한 정도가 심해지면, 반드시 옛 것을 새롭게 변화시켜야 합니다. 줄을 바꿔야 하는데도 바꾸지 않으면 아무리 훌륭한 연주가라 해도 좋은 소리를 낼 수 없습니다."

한국석유관리원의 이천호 전前 이사장은 2011년의 경영화두를 '해현경장'으로 삼았다. 그는 시무식에서 "거문고 줄을 바꾸어 맨 다는 의미의 해현경장을 되새기며 미래경영, 창의경영, 성과경영 을 통해 2011년을 두 번째 도약의 해로 삼자"고 말했다. 그는 또 한 이를 위해 보다 구체적인 체계와 대안을 제시했다. 먼저 '특수 검사처 발대식'을 통해 유사 석유류와 석유류 불법유통에 철퇴를 가하겠다는 의지를 천명했다. 특수검사처는 검사기법의 다각화와 시스템 첨단화를 담당하고 있다. 또한 시험분석결과의 신뢰성 확 보를 위해 분석지원팀, 정밀분석팀, 특수분석팀 등 시험단계를 3 단계로 구체화했다. 여기에 신설된 고객지원센터와 준법경영실을 통해 고객불만과 부정부패 근절을 추진하겠다고 밝혔다.

한편 '해현경장'은 2009년 삼성그룹 내에서 회자된 말이기도 하 다. 당시 삼성그룹은 '이건희 회장 퇴임'이라는 최대 위기에 처해 있었다. 그때 삼성이 심기일전을 위해 선택한 말이 바로 거문고의 비유를 통한 동중서의 조언, 해현경장이었다. 당시 삼성은 '10가 지 경영쇄신안'을 발표하며 구체적으로 줄을 고쳐 매는 과제를 추 진했다.

한국석유관리원과 삼성그룹의 공통점은 추상적인 방향성을 제시 하는 데 그치지 않고, 구체적인 '툴의 변화'를 꾀했다는 점이다. 석유관리원은 특수검사처 신설과 검사기법의 다각화를 추진했고, 삼성은 '10가지 경영쇄신안'을 제시했다. 아름다운 소리가 나지 않는다며 거문고의 몸통을 두드려봐야 소리가 알아서 변할 리 없 다. 잘못된 결과가 나왔다면 잘못된 방법부터 고쳐야 할 것이다. 동중서가 거문고 줄을 고쳐 매라고 조언한 이유다.

해현경장 : 풀 해解 | 시위 현弦 | 고칠 경更 | 베풀 장張

거문고의 줄을 풀어서 고쳐 맨다는 뜻으로, 사회적으로나 정치적으로 제도
를 개혁하는 것을 의미한다. 자신과 조직을 변화시키려는 열망은 있으나
방법을 모를 때 마음에 새겨야 할 변화법이다.

유래 : '원광원년거현량대책'

나를 바꾸기 전에 먼저 환경부터 바꿔라,

마중지봉麻中之蓬

《순자》의 〈권학편勸學篇〉을 보면 다음과 같은 이야기가 등장한다.

"서쪽 지방에 사간射干이라는 이름의 나무가 있다. 줄기 길이는
네 치밖에 되지 않으나 높은 산꼭대기에서 자라기에 늘 백 길의 깊
은 연못을 내려다본다. 이는 나무줄기가 길어서가 아니라 서 있는
자리가 높기 때문에 그런 것이다. 쑥이 삼밭에서 자라면 붙들어주
지 않아도 곧게 자라고, 흰 모래가 진흙 속에 있으면 색이 검게 변
한다. (중략) 이러한 이유로 군자는 거처를 정할 때 반드시 마을을
가리고, 친구를 사귈 때에는 반드시 곧은 선비와 어울린다. 이는
사악함과 치우침을 막아서 중정中正에 가까워지기 위함이다."

자기발전은 개인의 노력뿐 아니라 외부의 힘으로도 이뤄낼 수 있
다. 사간이라는 나무가 비록 네 치에 불과하지만 도도하게 깊은 연
못을 내려다볼 수 있는 것은 높은 곳에서 자라기 때문이다. 쑥이
삼밭에서 자라면 꼿꼿해지는 것과 마찬가지다. 자신이 처한 환경

과 주변 사람들이 나를 자연스럽게 바꾸어놓는 것이다. 스스로를 발전시키는 데 한계가 있다고 생각될 때는 '마중지봉'의 자세로 새로운 환경을 찾아나설 필요가 있다. 자신도 모르게 안목이 높아지고, 세련됨에 대한 기준이 달라지고, 평가의 방법이 달라질 것이다. 직접 옆에서 보고 배우는 것이야말로 가장 빠른 학습방법 중 하나다.

마중지봉 : 삼 마麻 | 가운데 중中 | 어조사 지之 | 쑥 봉蓬

삼밭의 쑥이 붙들어주지 않아도 곧게 자라듯, 사람도 주위 환경에 따라 달라질 수 있음을 뜻한다.

유래 : 《순자》

무작정 바꾸려는 시도는 무모하다, 무병자구無病自灸

다음은 《장자》에 등장하는 우화다.

공자의 친구 가운데 유하계라는 사람이 있었는데, 그에게는 도척이라는 동생이 있었다. 그런데 도척은 9,000명에 가까운 졸개들을 거느리며 잔인하고 포악한 도적질을 일삼는 산적이었다. 공자는 자신의 친구에게 이런 동생이 있다는 사실이 무척 수치스러웠고, 인의와 도덕을 가르치는 자신에게도 부끄러운 일이라 여겼다. 결국 공자는 도척을 만나 설득해보기로 했다. 공자는 몇 번이고 간청한 끝에 드디어 그를 만날 수 있었다. 도척은 첫 마디부터가 고압적이었다.

"만약 네가 하는 말이 내 뜻에 거슬리면 이 자리에서 죽을 줄 알라!"

공포에 휩싸인 공자는 훈계는커녕 칭찬을 늘어놓았고, 도척은 비굴하다며 공자를 비웃었다. 결국 공자는 도망치듯 그곳을 빠져나올 수밖에 없었다. 집으로 무사히 돌아오긴 했지만 도척에게 받은 수치와 굴욕이 잊혀질 리 없었다. 공자의 모습을 본 유하계가 물었다.

"자네, 혹시 도척을 만나고 온 것인가?"

공자는 하늘을 우러러보며 탄식하고야 말았다.

"맞네, 나는 병에 걸린 것도 아닌데 뜸질을 한 격일세. 허겁지겁 달려가 호랑이 머리를 쓰다듬고 호랑이 수염을 가지고 놀다 하마터면 호랑이 주둥이를 벗어나지 못할 뻔했다네!"

안 바꿔도 될 것을 바꾸려다 보면 오히려 부작용이 생기기 마련이다. 공자가 쓸데없이 도척을 만나지 말았어야 한 것처럼, 자기발전이라는 이유로 모든 것을 모조리 바꿀 필요는 없다. 자신이 바꾸려는 것이 정말 필요한 것인지를 늘 가늠해봐야 할 것이다.

무병자구 : 없을 무無 | 병 병病 | 스스로 자自 | 뜸질할 구灸

병이 없는데 스스로 뜸질을 한다는 말로, 불필요한 노력으로 힘을 빼는 행동을 의미한다.
유래 : 《장자》

갈<ruby>竭</ruby> 택<ruby>澤</ruby> 이<ruby>而</ruby> 어<ruby>漁</ruby>

길게 보고
행동하라

춘추시대 때의 일이다. 진나라의 문공은 성복이라는 지역에서 초나라와 치열한 접전을 벌였다. 그런데 생각보다 초나라를 공략하기가 만만치 않았다. 수적으로도 워낙 열세이다 보니 진나라는 고전을 면치 못하는 신세였다. 문공은 고심 끝에 호언이라는 신하를 불러 의견을 구했다.

그러자 호언은 이렇게 말했다.

"예절을 중시하는 자는 번거로움을 두려워하지 않고, 싸움에 능한 자는 속임수를 쓰는 것도 싫어하지 않는다고 들었습니다. 속임수를 한번 써보는 것이 어떻겠습니까?"

그런데 마침 옆에 있던 이옹이라는 신하가 반대하고 나섰다.

"연못의 물을 모두 퍼내 물고기를 잡는 것이 불가능하진 않습니다. 그러나 그럴 경우 먼 훗날 잡을 물고기가 사라질 것입니다. 산의 나무를 모두 태워 짐승들을 잡으면 못 잡을 리 없겠지만, 나중에는 분명 잡을 짐승이 없을 것입니다. 지금 속임수를 써서 위기를 모면한다 해도 임시방편에 불과할 뿐입니다."

현대해상보험의 서태창 사장은 지난 2010년 '스피드·스마트 시대, 장기적 안목도 갖추자'라는 칼럼에서 '갈택이어'를 예로 들었다. 다음은 칼럼에 등장하는 대목이다.

"요즘 광고를 보면 가장 많이 나오는 말이 스마트, 스피드 같은 단어들이다. 사회가 복잡해지고 경쟁이 치열해지면서 남보다 빨리 정보를 습득하고 효율적으로 일하는 것이 점차 중요해지기 때문일 것이다. 속도와 효율을 추구하는 게 나쁜 건 아니지만, 빠른 것만 강조한 나머지 멀리 보는 안목과 여유는 점점 없어지는 것 같다. (중략) 필자가 CEO로서 보험회사를 경영하면서 의사결정 시에 최우선으로 여기는 것은 회사가 '지속적으로' 성장하는 데 도움이 되는지 여부다."

조직이든 개인이든 하나의 사안을 판단할 때는 신중하고 치밀해야 한다. 그런데 판단기준이 단순히 손해와 이익이라는 틀에 그치는 경우가 많다. 쉽게 말해 이익이 되면 하고, 손해가 나면 하지 않는다는 것이다.

진나라 문공에게 조언했던 참모 호언과 이옹은 서로 판단기준이 달랐다. 호언은 '손해와 이익'이라는 뚜렷한 기준을 가지고 있었다. 그 외의 것, 심지어 속임수를 쓰더라도 손해와 이익이라는 조건만 충족하면 별다른 문제가 없다는 생각이었다. 반대로 이옹은 손해와 이익에 '시간'이라는 개념을 덧붙였다. 그는 연못의 물을 퍼내면 훗날 잡을 물고기가 없어지기 때문에, 지금 위기를 모면한다 해도 영원한 해결책은 될 수 없다고 말했다. 서태창 사장도 지속적으로 회사에 도움이 되는지가 가장 중요한 판단기준이라 밝힌바 있다.

'갈택이어'는 무언가를 판단하는 데 '시간'이 얼마나 중요한지를 말하고 있다. 판단에 시간이 끼어들면, '손해와 이익'에 대한 새로운 개념이 정립된다. 그전까지 이익은 그저 이익에 불과했다. 하지만 단기적인 이익이 손해가 될 수도 있고, 단기적으로는 손해지만 장기적으로는 이익이 될 수도 있다. 이처럼 무언가를 선택해야 하는 상황에서 '시간'을 고려한다면, 단순한 손해와 이익을 넘어서서 새로운 선택의 기준을 정립할 수 있을 것이다.

갈택이어 : 다할 갈竭 | 못 택澤 | 어조사 이而 | 고기 잡을 어漁

> 연못의 물을 모두 퍼내 고기를 잡는다는 말로, 장기적인 미래는 생각하지 않고 당장의 이익만 추구하는 것을 뜻한다. 여기서는 선택의 기로에 섰을 때 반드시 염두에 두어야 할 '장기적인 안목'을 강조하고 있다.
> 유래 : 《여씨춘추》

미래를 보기 전에 과거부터 들여다보라,
복거지계覆車之戒

《후한서》의 〈두무전竇武傳〉을 보면 다음과 같은 이야기가 전해진다.

후한의 환제 시절, 다른 귀족들과 달리 품행이 올바르고 마음이

어진 두무라는 이가 있었다. 두무의 딸은 훌륭한 아버지 슬하에서 자랐기에 훗날 황후가 되었다. 그 덕에 두무 역시 장관의 자리에까지 올랐다.

때는 환관의 세력이 워낙 강성하던 시절이었는데, 그들의 횡포는 하루가 다르게 심해져만 갔다. 이를 보다 못한 이응, 두밀 등의 충신과 태학생들이 황제에게 간언을 하고 나섰다.

"환관들의 횡포와 악덕을 마땅히 죄로 다스려야 할 것입니다!"

이 소식을 들은 환관들은 죄 없는 자신들을 모함했다며 황제를 찾아가 하소연 아닌 하소연을 늘어놓았다. 이에 황제는 환관에 반대하는 200여 명의 관료들을 금고형에 처했다. 하지만 백성들은 환관들이 얼마나 썩어빠졌는지 잘 알고 있었다. 결국 두무가 나섰다.

"전하, 환관의 횡포와 전횡을 지금처럼 방치한다면 진나라 때의 실패를 되풀이하게 될 것입니다. 이는 엎어진 수레의 바퀴를 다시 밟는 것과 같습니다."

결국 환제는 두무의 말을 받아들여 체포한 관리들을 모두 풀어주었다.

손해와 이익을 판단할 때는 미래의 시간만 생각할 것이 아니라, 과거의 시점도 고려해볼 필요가 있다. 역사가 반복되는 것처럼, 실패 역시 반복되고 있기 때문이다. 단, 과거의 시점에서 생각할 때는 구체적이어야 한다. '나'를 과거의 상황에 대입해 현실적으로 생각하라는 이야기다. 그렇게 한다면 과거는 분명 미래의 대안까지 제시해줄 것이다.

복거지계 : 엎어질 복覆 | 수레 거車 | 어조사 지之 | 삼갈 계戒

> 이전에 실패한 전철을 밟지 않겠다는 뜻으로, 역으로 생각하면 이전의 좋
> 고 훌륭한 점을 귀감으로 삼는다는 의미로도 해석할 수 있다.
> 유래 : 《후한서》〈두무전竇武傳〉

장기적인 위험을 판단하라, 연작처당燕雀處堂

중국 전국시대에 진나라가 조나라를 침공했을 때였다. 진나라 옆
에 위치한 위나라의 신하들은 전쟁의 결말이 어떻게 되든 틀림없
이 자신들에게 유리할 것이라 내다보았다. 조나라가 이기면 조나
라에 복종하면 될 일이었고, 조나라가 위험에 빠지면 그 틈을 타
조나라를 공격하면 될 거라 생각했던 것이다. 그런데 재상 자순이
크게 반발하고 나섰다.

"진나라는 애초 탐욕스럽고 난폭한 나라입니다. 조나라와 싸워
이긴 후에는 반드시 다른 나라를 침략할 것입니다. 선인들이 말하
기를 '연작(제비와 참새)은 사람의 집에 둥지를 틀고 새끼들에게 먹
이를 먹이면 안락하다고 여긴다'고 했습니다. 굴뚝에 불이 나서 마
룻대와 추녀가 타고 있는 상황에서도 위험을 느끼지 못하는 것입
니다. 지금의 상황이 바로 그러합니다. 만일 이웃인 조나라가 망하
면 그 화가 우리에게 미칠 것은 자명합니다. 이러한 위험을 모른
채 스스로 안락하다고 생각하고 있으니 어찌 연작과 크게 다르다
하겠습니까!"

많은 사람들이 지금의 위험을 회피하는 데 급급한 나머지 미래에 대한 대비를 소홀히 한다. 하지만 미래의 위험을 대비하지 않으면 정작 위기가 닥쳤을 때 속수무책으로 당할 수밖에 없다. 무언가를 판단하고 선택하는 순간에는 늘 현재의 위험과 미래의 위험이라는 두 가지 변수를 동시에 생각해야 한다. 비록 당장 대비책을 마련할 수는 없어도, 경각심을 갖는 것만으로도 미래에 대처할 수 있다 하겠다.

연작처당 : 제비 연燕 | 참새 작雀 | 머물 처處 | 집 당堂

안락한 생활에 젖어 자신에게 닥쳐오는 위기를 조금도 감지하지 못하는 상황을 비유하는 말로 쓰인다.

유래 : 《공총자孔叢子》〈논세편論勢篇〉

마馬불不정停제蹄

선택의 갈림길에서 주저하지 않으려면

원나라의 왕실보는 당시 유명한 극작가였는데, 그가 남긴 작품 중에 '여춘당'이라는 것이 전해진다. 이 작품은 금나라를 시대적 배경으로 삼아 낙선과 이규라는 두 인물의 정치적 갈등과 벼슬의 흥망성쇠를 그린 작품이다. 여춘당 2막에는 이러한 말이 나온다.

"적을 공격할 때는 미처 손 쓸 틈 없이 재빠르게 하고, 일단 시작했으면 말이 말발굽을 멈추지 않듯이 쉬지 않고 적을 사지로 몰아야 한다."

2010년 삼성그룹은 '이건희 신경영 17돌'을 맞아 새로운 화두로 '마불정제'를 내세웠다. 사실 마불정제는 삼성을 이끌어온 가장 큰 화두였다 해도 과언이 아니다. 1993년 이건희 회장은 삼성의 핵심 경영자들을 독일로 호출해 불호령을 내리며 '마누라와 자식만 빼고 다 바꿔라'라는 파격적인 주문을 했다. 당시 이건희 회장은 2등은 아무도 기억해주지 않는다면서 이른바 '신경영'을 선언했다. 그후 삼성은 끊임없이 마불정제의 심정으로 구성원들을 독려하며 새로운 먹거리를 찾기 위한 노력을 멈추지 않았다.

일례로 글로벌 통신사들의 미래시장이었던 스마트폰이 등장하기 전에 삼성은 어떤 OS가 미래를 선점할지에 대해 고민하고 또 고민했다고 한다. 자칫 잘못 판단했다가는 한참 뒤처질 수 있기에 어느 한쪽을 택하기란 쉽지 않은 문제였다. 고민 끝에 삼성은 '모든 가능성'에 발을 걸쳐놓았다. 안드로이드는 물론, 애플 OS와도 연결의 끈을 놓지 않았고 자체적인 '바다' 시스템까지 개발했다. 이처럼 '선택'이라는 갈림길에 맞닥뜨리기 전에 미리 대책을 마련하는 것이야말로 마불정제가 시사하는 가장 큰 교훈일 것이다.

마불정제 : 말 마馬 | 아니 불不 | 머무를 정停 | 굽 제蹄

말이 말굽을 멈추지 않는다는 뜻으로, 어떤 일이든 쉬지 않고 지속적으로 강하게 추진하는 태도를 말한다.

유래 : 《여춘당麗春堂》

내가 생각하는 일은 남도 생각할 수 있다,

도견상부道見桑婦

진나라의 문공이 나라 밖 제후들을 모아 위나라를 토벌할 계획을 세우고 전진하던 때였다. 이때 문공을 만난 공자서가 갑자기 하늘을 보면서 큰 웃음을 터뜨렸다. 문공이 물었다.

"자네는 뭐가 그리 우습단 말인가?"

그가 답했다.

"이웃집 남자를 생각하니 웃음이 나서 그렇습니다. 그는 사정이 있어서 아내를 친정으로 보내게 되었습니다. 그런데 아내를 배웅하고 돌아오는 길에 뽕잎을 따는 여자를 보고는 그녀에게 다가가 즐겁게 이야기를 나누었습니다. 그러다 문득 뒤를 돌아보니 어떤 남정네가 자신의 아내에게 손을 흔들며 달려가고 있는 게 아닙니까. 저는 그 남자의 일이 생각나서 웃은 것입니다."

진나라의 문공은 이 말을 듣고 자신의 계획을 포기하고는 곧바로 진나라로 돌아왔다. 그러나 이미 어떤 나라가 진나라의 북쪽 변방을 침략했다는 소문이 퍼진 후였다.

눈앞의 이익을 좇다가 자기 것도 지키지 못하는 어리석음을 비웃는 고사다. 내가 무언가를 선택할 때 반드시 염두에 두어야 할 것은 다른 이도 마찬가지의 선택을 할 수 있다는 점이다. 공자서의 이웃집 남자가 아내를 처가에 보내며 외간 여자를 생각했듯이, 그의 아내 역시 친정으로 가는 길에 다른 남자를 만날 기대에 부풀어 있었다.

내가 할 수 있는 일은 남도 할 수 있다. 내가 하고 있는 생각은 이미 다른 사람도 하고 있을 가능성이 크다. 한정된 자원을 둘러싼 경쟁일수록 더더욱 그렇다. 치열한 경쟁에 대비하려면 한 차원 다른 준비가 필요하다. 무언가를 선택하거나 이루려는 상황에서는, 자신의 입장뿐 아니라 다른 이들의 상황이나 생각을 반드시 감안해야 할 것이다.

도견상부 : 길 도道 | 볼 견見 | 뽕나무 상桑 | 지어미 부婦

> 길에서 뽕잎 따는 여자를 보고 사통한다는 말로, 눈앞의 이익을 좇다 기존에 가지고 있던 것을 잃는다는 뜻이다. 여기서는 내가 하는 일은 남도 할수 있으므로, 무언가를 선택할 때 다른 사람들의 의도를 간파하고 준비하라는 의미로 해석된다.
>
> 유래 : 《열자》〈설부편〉

자기만의 주관을 잃지 마라, 한단지보邯鄲之步

중국 전국시대 조나라의 사상가였던 공손룡은 학문과 변론에 있어서만큼은 자신이 당대 최고라 자부하고 있었다. 나중에 그는 지혜로운 장자에 대한 평판을 듣고는, 장자의 선배인 위모를 찾아가 자신의 변론과 지혜를 장자와 겨뤄보고 싶다고 말했다. 위모는 하늘을 보고 웃으며 이런 이야기를 해주었다.

"자네는 시골 마을에 살던 한 젊은이가 조나라의 수도인 한단에 가서 그곳의 걸음걸이를 배웠다는 이야기를 들은 적 있는가. 그는 한단의 걸음걸이를 배우기도 전에 본래의 걸음걸이마저 잊어버려 엉금엉금 기어서 고향인 시골마을로 돌아가고 말았다네. 자네가 장자에 이끌려 함부로 그와 겨루려 한다면 자네 본래의 지혜까지 잃어버릴 것이네."

이 말을 들은 공손룡은 입을 다물지 못한 채 그 자리를 물러나고 말았다.

가장 쉬운 선택은 남을 따라 하는 것이다. 특히 무언가를 선택하기 힘든 상황에서는 한번쯤 남을 따라 하고 싶은 것도 사실이다. 그게 편하기 때문이다. 줄을 서는 것도 사실은 남을 따라 하는 것이고, 남의 선택을 믿고 싶다는 의지의 반영이다. 그러나 타인을 따라 한다는 것은 자신의 선택을 포기하는 것과 마찬가지다. 그것이 계속 반복되면 영원한 '선택불능자'가 될지도 모를 일이다.

한단지보 : 땅 이름 한邯 | 조나라 서울 단鄲 | 어조사 지之 | 걸을 보步

한단에서 걸음걸이를 배운다는 뜻으로, 분수를 모르고 남을 흉내내다 자신의 것까지 잃게 됨을 비유하는 말이다.

유래 : 《장자》 〈추수편〉

항상
먼 곳을
내다보라

교 敎
자 子
채 採
신 薪

춘추시대의 노魯나라에 한 부자父子가 살고 있었다. 매일매일 농사
에 힘쓰며 살아가던 부자가 늘 하던 일 중 하나는 바로 겨울을 대
비해 땔감을 비축하는 것이었다. 어느 날 아버지는 아들에게 땔나
무 구하는 법을 알려주어야겠다고 생각했다.

"얘야, 땔나무를 구하는 방법에는 두 가지가 있다. 하나는 백 걸
음 정도 떨어진 곳에서 나무를 해오는 것이고, 또 하나는 백 리 밖
에서 땔나무를 구해오는 것이다. 너는 어느 쪽을 택하겠느냐?"

아들은 당연한 듯 말했다.

"그야 가까운 곳에서 가져오는 것이 쉽고 빠르지 않겠습니까?"

그러자 아버지는 고개를 저었다.

"물론 네 말이 틀린 건 아니다. 백 걸음 떨어진 곳에서 가져오면
빨리 가져올 수야 있겠지만, 가까운 곳의 땔나무는 이미 우리 것이

나 마찬가지여서 아무도 손을 대지 않는다. 반면 백 리 밖 나무는 우리 것이 아니라서 남들이 가져가기 쉽다. 따라서 근처의 땔나무는 놔두고 먼 곳에 있는 것부터 가져와 비축해야 한단다."

아들은 그제야 고개를 끄덕였다.

농협중앙회 최원병 회장은 2009년 초 신년사를 통해 직원들에게 '교자채신'에 힘쓸 것을 당부했다. 이는 장기적인 안목을 갖고 근본적인 처방에 힘쓰라는 의미다. 최 회장은 교자채신의 자세를 갖춰야 할 이유를 이렇게 말했다.

"세계경기 침체로 농협의 경제사업 성장은 한계에 봉착하게 될 것이고, 신용사업의 수익성은 떨어져 더 이상 농협의 캐시카우cash cow 역할을 수행하지 못할 수도 있다. 농협사업에 대한 보다 근본적이고 구조적인 변화를 모색할 시점이다. (중략) 사업과 조직의 선택과 집중, 그리고 새로운 수익원 창출 사업도 모색해야 한다."

사실 '가까운 곳의 땔나무'와 캐시카우는 무척 닮아 있다. 지금 당장에는 도움이 될지 몰라도 장기적으로는 여기에만 의존할 수는 없다. 캐시카우는 시장점유율이 높아 꾸준한 수익을 내지만 시장의 성장 가능성 자체는 낮은 제품을 말한다. 가까운 곳의 땔나무 역시 언제든 가져다 쓸 수는 있지만 그것이 다 떨어지면 먼 숲으로 가야 하고, 그 숲의 땔나무를 다 쓰게 되면 또다시 다른 숲으로 옮겨가야 한다. 당장은 유용하지만 그것에만 의지할 수 없는 것, 그것이 바로 가까운 곳의 땔나무와 캐시카우의 공통점이다.

그렇다면 대안은 무엇일까. 여러 가지가 있겠지만, 그중에서도 현재 자신과 자신이 속한 조직의 업무를 단계적으로 구분해 그에 맞는 전략을 수립하는 것이 중요하다. 아버지가 아들에게 '가까운 곳의 땔나무'와 '먼 곳에 있는 땔나무' 대하는 방법을 달리 말했듯이, 단기적인 시점과 장기적인 시점에서 자신과 조직의 경쟁력을 분석하고 그에 걸맞은 전략과 비전을 세워야 할 것이다.

교자채신 : 가르칠 교教 | 아들 자子 | 캘 채採 | 섶 신薪

> 자식에게 땔나무 때는 법을 가르치라는 뜻으로, 어떤 일이든 장기적인 관점에서 근본적인 처방을 구해야 함을 의미한다. 여기서는 개인과 조직이 장기적인 관점에서 그에 걸맞은 전략과 비전을 갖춰야 한다는 의미로 해석하고 있다.
>
> 유래 : 《속맹자續孟子》

근본적인 원리부터 파악하라, 영불리신影不離身

《장자》의 〈어부편漁夫篇〉에 나오는 이야기로, 공자와 현명한 어부가 나누는 대화를 주요 내용으로 하고 있다. 어부는 공자가 지나치게 명예에 집착함을 지적하기 위해 이런 이야기를 했다.

"어떤 사람이 자기 그림자와 자기 발자국이 싫어서 이것들로부터 달아나려 했습니다. 하지만 발을 자주 놀릴수록 발자국은 더욱 많아졌고, 빨리 뛰면 뛸수록 그림자는 끝까지 따라왔습니다. 그는 자기가 더디게 뛰기 때문이라 생각하고는 쉬지 않고 질주하다 결국 기력이 다하여 죽어버리고 말았습니다. 그는 그늘 속에 쉬면 그림자가 없어지고, 가만히 있으면 발자국도 생기지 않는다는 사실을 몰랐던 것이니 심히 어리석은 사람이라 할 수 있습니다."

그림자 때문에 지쳐 죽은 사람이 몰랐던 것은 바로 '내 몸과 그림자와의 관계'였다. 그림자가 생겨나는 원리를 파악하지 못하자 그림자는 하나의 현상에 불과했고, 그 현상만을 들여다보았기에 본질적인 해결책을 찾지 못했던 것이다. 교자채신의 근본적인 해법, 그리고 장기적인 전략을 마련하기 위해서는 자신의 일이 발전할 수 있는 원리, 그리고 그것이 미래와 맺고 있는 관계를 알아야 한다. 한마디로 '내가 하는 일의 생명주기와 변화의 트렌드'를 파악해야 한다.

영불리신 : 그림자 영影 | 아니 불不 | 떠날 리離 | 몸 신身

> '그림자는 몸을 떠나지 않는다' 는 뜻으로, 어떤 문제에 대한 근본적인 해결책을 찾지 못하는 어리석음을 비유한다. 여기서는 장기적인 전략과 근본적인 해법을 파악하기 위해 갖춰야 할 자세로 해석할 수 있다.
> 유래 : 《장자》 〈어부편〉

가치가 있다고 판단되면 아낌없이 투자하라,

기화가거奇貨可居

여불위는 한나라의 거상으로 각국을 돌아다니면서 큰 재산을 모은 인물이었다. 여불위가 조나라에 갔을 때였는데, 인질로 잡혀 있는 이들 가운데 한 명이 유독 눈에 들어왔다. 주변 사람들에게 그의 신상에 대해 물어보았더니 그의 실체를 알려주었다.

"저 자의 이름은 자초입니다. 진소왕의 태자 안국군의 20명이나 되는 아들 중 한 명이죠. 하지만 그의 어머니 하희가 안국군의 사랑을 받지 못했기에 결국 여기 조나라에 인질로 끌려와 심한 학대를 받고 있습니다."

그의 정체를 알게 된 여불위는 속으로 쾌재를 불렀다.

'보물이다. 차지할 만하다!'

여불위는 고통받던 자초를 위로하고 다방면으로 도와주었다. 무엇보다 그는 자신의 재산을 이용해 자초를 안국군이 가장 사랑하는 아내인 화양부인의 양자가 되도록 했다. 또한 나중에는 자초가 무희라는 여성과 결혼할 수 있도록 주선했다. 그 후 자초는 장양왕이 되었고 여불위는 승상의 자리에 올랐다. 그리고 훗날 자초의 아들은 진시황제가 되었다.

때로는 단 한 번의 투자가 당신의 인생을 바꿀 수도 있다. 여불위는 본능적인 감각으로 자초의 투자가치를 알아차렸다. 그러고는 즉시 일을 도모하기 시작했다. 자초의 처지를 위로하고 앞길을 개척하고 결혼까지 시켜준 것이다. 미래는 그때 가서 허둥지둥 준비할 것이 아니라 지금부터 차근차근 투자해야 하는 것이다.

기화가거 : 기이할 기奇 | 재화 화貨 | 옳을 가可 | 있을 거居

진기한 물건을 사두었다가 때를 기다리면 큰 이익을 볼 수 있다는 말이다. 여기서는 지금 당장은 사소해 보일지라도 미래에 가치가 있다고 판단된다면 미리 준비하고 투자해두라는 의미로 해석하고 있다.

유래 : 《사기》〈여불위열전呂不韋列傳〉

'네 글자'로 과거의 지혜를 배우고 새로운 미래를 내다보다

지금껏 결정적인 순간에 당신의 해법이 되어줄 네 글자, '사자성어'에 대해 알아보았다. 앞에서 이 책의 목표는 살아가면서 '답'이 필요한 순간에 도움이 될 만한 해법을 제시해주는 것이라 밝힌 바 있다. 무수한 역사적 장면과 예시를 통해, 목표 앞에서 혼란스러울 때, 성공 앞에 교만해질 때, 큰 프로젝트를 앞두고 있을 때, 백년 기업으로 나아가야 할 때 등등 다양한 상황에서 용기와 힘을 불어넣어줄 '한마디'를 익힐 수 있었으리라 확신한다.

이 책을 쓰기 위해 수많은 자료와 고전들을 뒤지며 실감한 것은, 어떤 상황에서든 구구절절 늘어놓는 이야기보다 간결한 한마디가 훨씬 명쾌하고 위력적이라는 사실이다. 더구나 사자성어는 하나의 완결된 구조를 갖추고 있기에 언제 어디서부터 읽어도 이해하는 데 전혀 무리가 없다. 네 글자라는 단순한 형식과 명쾌한 스토리 덕분에 머리로는 빨리 이해해도 가슴에는 오래 남는 장점을 띠기도 한다.

한 가지 더 깨달은 것은 단순히 특별한 자리가 아니라 삶의 길목에서 지혜를 발휘해야 하는 순간, 즉 일상에서도 '사자성어'를 삶의 지표로 삼을 수 있다는 점이다.

최근 고전의 중요성이 새롭게 대두되는 것도 이와 일맥상통하는 부분일 것이다. 하루가 다르게 시시각각 변하는 사회일수록, 영원한 인류의 지혜가 함축된 고전에서 지혜를 구하는 이들이 늘어나고 있다. 수천 년 동안 축적된 삶의 원리, 인간관계의 핵심, 성공과 실패 등에 관한 생생한 지혜를 바탕으로 개인의 삶과 기업의 운명에 새로운 미래를 제시해주는 것이 오늘날 고전의 역할이다.

하지만 당장 써먹을 지식을 배우기도 급급한 마당에 복잡하고 생경한 내용들을 익히는 것이 쉽지만은 않을 터. 시간을 분단위로 쪼개 살아야 하는 바쁜 현대인들에게 방대한 고전의 양이 부담스러운 것도 부인할 수 없는 사실이다.

그러한 측면에서 사자성어는 현대인들이 고전을 배우고 익히는 가장 편리하고 빠른 방법임에 틀림없다. 우리가 흔히 아는 《삼국지》나 《수호지》, 《초한지》, 《열국지》를 비롯한 《사기》 등의 고전들은 시기별, 인물별로 중국 역사를 편집한 이야기들이다. 사자성어는 이러한 시기와 인물을 넘나드는 가장 핵심적인 에피소드를 바탕으로 하고 있기에, 사자성어를 습득한다는 것은 수천 년에 걸친 역사의 정수를 고스란히 받아들이는 것과 마찬가지다.

　이 책에 등장하는 사자성어들의 출처는 상당히 다양하다. 《삼국지》와 《손자병법》 등 우리에게 친숙한 고전은 물론이고 《여씨춘추》, 《열자》, 《안자춘추》, 《전국책》, 《묵자》, 《후한서》, 《방여승람》, 《서경》 등 헤아릴 수 없을 만큼 많은 고전이 등장한다. 따라서 이 책에 나오는 많은 '네 글자'들을 익히는 것만으로도 무수한 선인들의 지혜를 오롯이 자신의 것으로 만들 수 있을 것이다. 설령 실제 써먹지 못한다 해도 다양한 예시와 유래를 내 입장에 대입해보는 것만으로도 상당한 의미가 있다 하겠다.

　무릇 배우고 익히는 것이 학생시절에만 가능한 일은 아니니라. 오늘을 살아가기 위해 과거의 지혜를 배우고 이를 통해 새로운 미래를 개척해나갈 당신에게 이 책이 작게나마 도움이 되기를 바란다.

2011년 12월 이남훈

공피고아 : 어떤 조직에서도 승승장구하는 사람들의 비책
장동인 · 이남훈 지음 ┃ 14,000원

회사에서는 일만 잘하면 된다고 생각하는 순간, 당신의 조직생활에 위기가 시작된다. 일을 제대로 하고 싶다면, 당신과 그 일을 함께할 '사람'을 먼저 배워라. 조직과 사람이 움직이는 원리를 관통하는 10가지 키워드와 명쾌한 대응전략! (추천 : 가장 현실적인 '직장생활의 정공법'을 익히고 싶은 이들을 위한 책)

18분 : 인생을 바꾸는 시간
피터 브레그먼 지음 ┃ 김세영 옮김 ┃ 15,000원

우리는 왜 열심히 사는데도 성공하지 못할까? 〈하버드 비즈니스 리뷰〉 연재 사상 최고의 반응을 얻었던 18분 리추얼(ritual)! 하루 18분만 할애하라, 그 시간이 당신의 80년을 바꿔놓을 것이다! 이 책은 바쁜 하루를 살면서도 정작 '잘 살고 있는지' 확신하지 못하는 이들에게 주는 단순하지만 강력한 처방전이다.

제대로 시켜라
류랑도 지음 ┃ 15,000원

명쾌한 분석과 현실적인 지침! 대한민국 최고의 성과창출 전문가인 류랑도 대표가 말하는 성과코칭의 모든 것! 목표를 주지시키고, 일을 배분하고, 스스로 일하게 하는 방안이 7단계 로드맵으로 생생하게 펼쳐진다. (추천 : CEO, 임원, 본부장, 팀장, 지점장, 파트장, 사수… 누군가에게 일을 시키는 모든 리더들을 위한 책)

오리진이 되라
강신장 지음 ┃ 14,000원

더 나은 것이 아니라, 세상에 없는 것을 만들어라! 창조의 '오리진'이 되어 운명을 바꿔라! CEO들을 창조의 바다로 안내한 SERI CEO, 그 중심에 있던 강신장이 말하는 세상에서 가장 맛있는 창조 이야기. 이제 세상을 다르게 보는 길이 열린다! (추천 : 읽기만 해도 창조의 영감이 솟아오르는 텍스트를 기다려온 모든 이들을 위한 책)

답은 밖에 있다
이상협 지음 ┃ 15,000원

홈즈, 뒤팽, 제인 마플… 명탐정들은 어떻게 사건을 해결해낼까? 이 책은 탐정들의 흥미진진한 추리 과정을 좇으며 그들이 사용하는 '13가지 논리적 생각의 도구'를 밝혀낸다. 틀을 깨고 생각의 힘을 키워, 남들과 다른 시각으로 문제에 접근할 수 있도록 돕는 솔루션 (추천 : 매일같이 부딪히는 문제의 해결책을 찾는 모든 이들을 위한 책)

멋지게 한말씀
조관일 지음 | 14,000원

자기소개, 건배사, 축사, 행사 진행, 프레젠테이션… 언제든 써먹는 '노래방 18번'처럼, 어느 자리에서든 당신을 멋지게 띄우는 '한말씀'의 기술! 첫마디 시작하는 법, 화젯거리 찾는 공식, 흥미진진하게 말하는 법 등, 대한민국 명강사의 '30년 한말씀 노하우' 총망라! (추천 : 공적, 사적 모임에서 멋진 한말씀으로 돋보이고 싶은 사람들을 위한 책)

위대한 연설 100
사이먼 마이어, 제레미 쿠르디 지음 | 이현주 옮김 | 18,000원

동서고금을 막론하고, 깊은 울림을 선사하는 역사상 가장 위대한 연설 100편의 에센스만을 뽑았다! 키케로부터 오바마까지, 인류 최고의 명연설가 100인의 '연설'은 물론, 그들의 '사상', 당대의 상황을 엿볼 수 있는 자료까지 소개하는 최고의 연설 콜렉션! (추천 : 위대한 연설과 연설가의 삶을 함께 알고 싶은 이들을 위한 책)

먹히는 말
프랭크 런츠 지음 | 채은진 · 이화신 옮김 | 15,000원

미국 최고의 언어코치 런츠 박사가 말하는 효과적인 언어 규칙. 청자의 무의식에 침투해 사고를 장악하고 행동을 이끌어내는 말의 실체, 대중을 사로잡는 커뮤니케이션 10가지 전략을 제시한다. (추천 : 교사, 강사, 정치가, 프레젠터, 판매사원 등 마음을 움직이고 행동을 이끌어내는 커뮤니케이션이 필요한 모든 사람을 위한 책)

성공명언 1001
토머스 J. 빌로드 엮음 | 안진환 옮김 | 18,000원

평생 읽어야 할 동서고금의 명저 1001권을 요약한 듯, 정수만 뽑아 음미한다! 공자, 노자, 소크라테스, 스티븐 코비, 피터 드러커… 인류 역사상 가장 위대한 성취자들이 평생에 걸쳐 얻은 인생의 지혜가 담긴 명문장 1001가지를 영한대역으로 모았다. (추천 : 작가, 강사, 카피라이터 등 글쓰기, 영어논술, 영어토론 준비에 좋은 책)

일을 했으면 성과를 내라
류랑도 지음 | 14,000원

성과의 핵심은 오로지 자신의 역량뿐! 이 책은 누구도 세세히 일러주지 않은 일의 전략과 방법론을 알려줌으로써, 어디서든 '일 잘하는 사람, 성과를 기대해도 좋은 사람'이란 평가를 받게끔 이끌어준다. (추천 : 일에 익숙하지 않은 사회초년생과 그들을 코칭하는 리더, 그리고 현재의 역량을 배가하고자 하는 모든 직장인들을 위한 책)

四字疏通